Annegret Bra

Im Zuge der ~~g~

Sozialwissenschaftliche Erkenntnisse für das Abenteuer Leben

Zur Autorin

Annegret Braun studierte bei Prof. Dr. J. A. Stüttler Sozial-
philosophie. Mit der Objektiven Hermeneutik Prof. Dr. U.
Oevermanns gelang es ihr, den Fragen des Lebens auf den
Grund zu gehen. Sie gründete die Praxis für Familiensystemdiagnostik und erforscht seit vielen Jahren das Zusammenleben von Menschen, indem sie, generationsübergrei-
fend, deren realem Prozess des Lebens folgt. Neben ihrer
Beratungstätigkeit liefert sie den Menschen in der Semi-
nararbeit gute Gründe für mehr Lust am Leben und einen
Einblick, nach welchen Prinzipien das gelingt.

© 2017
Herstellung und Verlag: BoD – Books on Demand,
Norderstedt.
ISBN: 9783743136748

Inhalt

I. Prolog 5

1. Auftakt in das Abenteuer des Lebens......................... 13

2. Im Labyrinth unterwegs.. 19

3. Die Entdeckung der Irrwege 24

a)   Du bist, was Du aus Dir machst! 27

b)   Du bist, was Du hast!.. 36

c)   Du bist, wenn Du andere für Deine Zwecke
manipulieren kannst (Täter-Opfer-Retter-Netz) 43

d)   Du bist, wenn Du Dich zur Krone der Schöpfung
erklärst!.. 91

e)   Du bist, was Du denkst! 112

II. Die Ouvertüre des Lebens 124

III. Die Symphonie des Lebens... 125

IV. Ja, aber…. da hätte ich noch eine Frage.................... 139

V. Epilog... 160

I. Prolog

Unsinn, Wahnsinn und Sinnlosigkeit machen sich in der Welt breit. Wenn das so weiter geht - wenn wir so weiter gehen-, haben wir und unsere Welt keine Zukunft.

„Das fängt ja gut an! Angstmacherei scheint sich ja momentan gut zu verkaufen."

So läuft das doch immer: erst macht man den Menschen Angst und dann packt man das rettende Rezept aus der Tasche.

„Ich bin wirklich gespannt wie das gemeint ist: Im Zuge der Vögel ... oder meintest Du: Im Zug vögeln?"

Du gefällst mir! So ein schräger Vogel wie Du, kommt mir gerade recht. Aber, - warum laufe ich Dir vor die Füße?

„Vermutlich weil wir beide noch nicht fliegen können!"

OK. Dann fahren wir lieber mit dem Zug. Aber sag mal, was war der Auslöser, warum liest Du dieses Buch?

„Albert Einstein sagte mal: Eines habe ich in meinem langen Leben gelernt, nämlich dass unsere ganze Wissenschaft - an den Dingen gemessen - von kindlicher Primitivität ist, und doch ist es das Köstlichste was wir haben."

Dass das Leben ein Spiel ist, gefällt Dir also. Eine meiner größten Sorgen war, ein paar Frustrierte oder Resignierte zu erwischen, die immer alles genau wissen wollen und dann doch nichts riskieren. Willkommen auf der Spielwiese der Wissenschaft. Dann beginne ich nun extra für Dich nochmal neu:

Wenn man immer das Gleiche tut ist es eine „mathematische" Gewissheit, dass immer das Gleiche dabei herauskommt. Die meisten Menschen wünschen sich aber, es möge sich bald etwas ändern, so könne es nicht weiter gehen. Trotzdem halten sie eisern an dem fest, was sie kennen und tun weiter, wie gehabt. Sie warten und warten, tun das, was sie tun noch konsequenter und fleißiger, lesen ein paar Bücher und staunen, dass schon wieder das Gleiche dabei heraus kommt. Komisch, - dabei hatten sie fest mit Veränderung gerechnet. Nun geht ihre Rechnung nicht auf. Was tun? Sie setzten auf vermeintliche Sicherheiten, die ihnen geblieben sind und verhandeln mit ihrem Schicksal: Eigentlich kann ich ja ganz zufrieden sein.

Der Verstand findet keinen Ausweg aus der emotionalen Misere, die dabei klammheimlich anschwillt …

„….also doch eine Veränderung, Wachstum der emotionalen Misere!"

… und klammert uns ganz geschickt an das Residuum unseres Selbst, haben wir ja gelernt, uns zu bescheiden oder uns als Einzelkämpfer durchzuschlagen. Niemand sollte sehen, was da in uns vorgeht und letztlich können auch wir selbst nicht einsehen, dass die erfolgreich errichteten Fassaden unserer Machen-schaften uns Wohl (zum) Stand gebracht haben, aber nicht an unser Ziel. Denn letztlich suchen wir alle einen Weg zu gelassener Zufriedenheit, zu innerer Ruhe und Lebendigkeit, nach der eigenen dynamischen Balance, einer Autonomie in tiefer Verbundenheit mit allem und allen. Es ist demnach eher ein Zustand, nichts Greifbares, etwas in sich völlig ausreichendes und gleichzeitig aus sich heraus reichendes, zu dem uns die Sehnsucht immerzu aufruft.

Ich habe in meinem Leben immer ganz leidenschaftlich in Familien „herumgekramt", wollte verstehen, wie sie funktionieren und was sie für uns bedeuten. In der Tiefe angelangt, stieß ich auf Überzeugungsmuster, die stets zu denselben Kreisläufen führen, die uns wie ein Hamsterrad vorkommen. Mit zunehmendem Wohlstand war und ist eine Zunahme an freudiger Lebendigkeit, couragierten Menschen, die begeistert und kreativ „aufleuchten", keineswegs einhergegangen. 20jährige sozialwissenschaftliche Forschungsarbeit brachte mich nicht nur in die Kenntnis von zahlreichen Irrwegen und Sackgassen, in denen wir heute teils zweifelnd, teils überrascht drinstecken. Die Analysen vieler Familien- und Lebensgeschichten in akribischer Puzzlearbeit, führte zu einem Verständnis über den Lebensprozess selbst, brachte einen Einblick in die Wirk-lichkeit zu Tage. Ich entdeckte Prinzipien, an deren Allgemeingültigkeit ich keinen Zweifel habe. Diese Prinzipien fand ich in anderen Wissenschaften, Religionen und weiteren Quellen bestätigt, deren Aufgabe darin besteht, Antworten auf die Sinnfragen des Menschen zu geben. Es sind die Fragen nach dem Dasein des Menschen, seinem woher, wohin und dem wozu von alledem.

„Es gibt also einen unmittelbaren Zusammenhang zwischen dem besonderen Einzelnen und dem Allumfassenden? - ansonsten wäre es Dir unmöglich, zu derartigen Aussagen zu kommen."

Ja, nur Du solltest Dir das so vorstellen, dass das Einzelne und das Ganze nicht nur irgendwie zusammenhängen und denselben Prinzipien unterliegen. Es muss eine Einheit sein, die sich als Ganzes nicht von uns erfassen lässt, die aber in einzelnen Akzentuierungen zum Ausdruck kommt.

Es gibt eine ganz sonderbare Identität zwischen dem Einen und der Einheit, eine Art Wechselbeziehung oder vielmehr einen Perspektivwechsel ein und desselben. Dieses Eine möchte ich als „Lebensprozess" bezeichnen. Ich vergleiche das gerne mit der Entstehung einer Zeichnung. Zunächst ist da die Idee oder auch die Vorlage von etwas Ganzem. Um diese auf mein weißes Blatt Papier zu bringen, konzentriere ich mich auf das Detail, arbeite mich von Detail zu Detail bis genügend Zusammenhänge entstanden sind, erst dann richte ich den Blick auf das Ganze, indem ich etwas Abstand schaffe und das Detail aus den Augen verliere. Nur so fallen mir Unstimmigkeiten auf, die dann wieder detailliert ausgebessert werden. Nun wechselt das „Umschalten" der Perspektiven immer schneller vom Blick auf das Ganze zum Blick auf das Detail und umgekehrt. **Jedes Detail bekommt seinen Sinn durch seinen Zusammenhang im Ganzen.** Ich stelle erstaunt fest, dass das nun Sichtbare im Grunde nur erkennbar ist, weil ich auch das gezeichnet habe, was nicht greifbar ist: die Zwischenräume, die Schatten. Wenn es ums Ganze geht, dann scheint es doch auch wesentlich um das zu gehen, was „Dazwischen" ist, um das Unbe-greifbare, Un-fassbare, aus dem heraus alles entsteht. Der (Lebens-) Künstler sieht das weiße Blatt, auf dem alles Mögliche entstehen kann. Dieses Blatt ist für ihn keinesfalls leer. Er bringt durch das Wechselspiel von Licht und Schatten nur eine Möglichkeit zum Ausdruck, für die er sich entschieden hat.

„Du meinst: Alles ist schon da ... auf dem weißen Blatt! Der Kohlestift macht es nur sichtbar, indem er mit seiner Schwarzfärbung etwas aus einer Fülle abgrenzt?"

Ja. Die abgrenzende Entscheidung ist der Prozess – hier das Zeichnen -, etwas aus einer „Alles-ist-möglich-Situation" herauszuholen, sichtbar zu machen. Ein Künstler mag wohl eine präferierte Stilrichtung haben, aber er wäre alles andere als ein Künstler, wenn er immerzu die gleiche Zeichnung anfertigen würde und das, der Einfachheit halber, nach einer einmal angefertigten Schablone.

„Und Du meinst, unser Leben ist die X-te Schablonenzeichnung. Na, so kann wenigstens nichts schief gehen. Es kann wohl auch nicht jeder ein Künstler sein."

... womöglich nicht jeder ein Chagall. Dennoch habe ich den Verdacht, dass das Leben nicht ganz zufrieden mit uns ist, und wir sind es auch nicht mit dem Leben. Bei dem ganzen Spiel scheint es doch wesentlich darum zu gehen, etwas zum Ausdruck oder zum Vorschein zu bringen. Wir, mit unserer Schablone, glauben schon gar nicht mehr, dass es möglich ist, frei zu zeichnen. Selbst wenn wir es in Betracht zögen, so trauten wir uns das nicht mehr zu. Was sollte dabei schon herauskommen, - nichts als Kritzeleien. Das kann es doch nicht sein, das Leben - ein Kinderspiel! Eine unserer starrsten Überzeugungen ist, das es sich beim Leben um eine ganz ernste und gefährliche Sache handelt.

„Logisch! Schließlich könnte das Spiel ja tödlich enden!"

Und Gott schaut sich unser Trauerspiel gelangweilt an und brummt leicht betrübt: Wann gibt es hier mal endlich was zum Lachen? Wenn das Leben selbst nicht mehr von uns wollte, als das Hervorbringen von genormten Strichmännchen, dann würde auch uns nicht gelangweilt das Lachen vergehen. Wir spielen das Spiel des Lebens nach einer einheitlichen Spielanleitung. Das Spiel an sich haben wir aber gar nicht verstanden, das hat uns niemand erklärt. Deshalb sind wir bei all der Verwirrung auch heilfroh, wenigstens diese Anleitung zu haben.

„Und du hast jetzt eine alternative Anleitung entdeckt, mit der alles lustiger wird?"

Oh … würde Dir das schon ausreichen um weiterzulesen?

„Irgendwie ja. Aber was hast Du denn?"

Es ist eher eine Spielbeschreibung oder der Teil der Spielbeilage auf dem steht: Zur Spielidee. Und stell´ Dir vor: Das Wesentliche dieses Spiels ist der Umstand, dass es keine Spielanleitung gibt. Das macht es geradezu zu dem, was es zu sein scheint, zu einer Art interaktivem Abenteuerspiel, das im Rahmen von bestimmten Prinzipien abläuft. Das skurrile daran ist, dass das Spiel keinen Spaß mehr macht, wenn Du versuchst, es dennoch nach Plan zu leiten. Eine Spielplanung widerspricht offenbar prinzipiell dem Spielverlauf. Vielmehr ähnelt das Ganze einem Kartenspiel: Du deckst eine Karte nach der anderen auf, und machst das bestmögliche daraus, ohne zu wissen, welche Karte Dir das Leben als nächstes zuspielt. Es gleicht einer Entdeckungsreise, die deshalb eine Entdeckungsreise ist, weil die Route nicht geplant ist und die einzelnen Zielstationen inklusive Animationsprogramm nicht vorgebucht sind.

„ Aha! So ein Spiel mutest Du Deinen Leserinnen und Lesern zu."

Bist Du jetzt erleichtert, dass wir nicht Memory mit zwei Karten spielen?

„Ich hätte jedenfalls keine Sorge, ich könnte überfordert werden."

Ich habe das Spiel nicht erfunden, ich kann mich auch nicht daran erinnern, dass mich jemand gefragt hätte, ob ich mitspielen wollte. Plötzlich war ich mittendrin. Als ich mir ein wenig Orientierung verschaffen konnte, wie das Ganze so läuft, wurde das Spiel nicht nur unkomplizierter und leichter, sondern sinnvoll und gleichermaßen spannend. Das Leben ist uns zugemutet worden, wir haben es uns selbst zugemutet, - wie auch immer! Meinst Du nicht auch, wir sollten das Beste daraus machen, jeden Tag aufs Neue? Komm! Lass uns zusehen, dass wir die Welt jeden Tag aufs Neue erleben.

„Alles in allem hört sich das für mich immer noch sehr kompliziert an. Ist die Spielidee wenigstens überschaubar"?

Überzeuge Dich selbst davon, wie einfach eigentlich das Leben ist.

1. Auftakt in das Abenteuer des Lebens

Ob eine Seele inkarniert oder ob wir Zufallsprodukte eines irgendwie entstandenen Evolutionsprozesses sind, das ist letztlich irrelevant wenn wir uns das anschauen, was im Moment unserer Zeugung geschieht. Viel wichtiger scheint für unseren individuellen Lebensprozess die Frage zu sein: Was haben sich unsere Erzeuger eigentlich dabei gedacht? Oder weniger dezent spöttisch: Unter welchen Bedingungen durften wir sein?

Haben sich unsere Eltern sehnlichst ein Kind gewünscht und wenn ja, welche Erwartungen haben sie daran geknüpft? Sind wir ihnen einfach so passiert und wenn ja, war das eine freudige oder eine böse Überraschung für sie? All diese bewussten und unbewussten codierten Energien, alle informationsträchtigen Gedanken waren es, die auf uns wirkten. Sie wurden demnach zu unserer Wirk-lichkeit. Der Embryo, in einem ganz frühen Stadium, bestehend aus omnipotenten Zellen, spürt unmittelbar, in welche Richtung er sich entfalten kann. Gleich einer kleinen Pflanze, die das Licht sucht, richten auch wir uns aus, nach dem Potential unserer Eltern, deren latenten und zumeist unbewussten Bedingungen, die sie an uns stellen. Für den kleinen Embryo „scheint also nur die Sonne", wenn er sich in die vorgefundenen Bedingungen einfügt, denn ohne „Sonne" kann er nicht sein. Um geliebt zu werden, spaltet er all die

Seinsmöglichkeiten ab, die die Eltern in Schwierigkeiten bringen könnten, also diejenigen, die den Eltern Angst machen. Der Embryo will ja genau das Gegenteil erfahren: das Höchstmaß an Liebe.

In der Familiensystemdiagnostik, die mit der soziologischen Methode der Objektiven Hermeneutik tiefe Verständnisschichten aufzuschließen vermag, kann man nachweisen, dass wir alle sozusagen naturwüchsig derartige Akzeptanzbedingungen mit uns herumtragen. Diese wirken auf den Neuankömmling. Ob wir das wollen oder nicht, ob wir das merken oder nicht, ist für dessen Wirklichkeit irrelevant. Der unbewusste Embryo spürt genau, was Sache ist und erfüllt unsere Bedingungen. Tut er das nicht, stirbt er.

Was wir uns alle klar machen sollten ist, dass der Embryo eigentlich zu allem fähig wäre. Alles ist möglich, alles veranlagt, alles potentiell entfaltbar. Es bedarf einer Auswahl der Möglichkeiten, die uns in diesem frühen Lebensstadium – wie oben bereits beschrieben – vorgegeben ist: Die zwingend notwendige Auswahl richtet sich nach den Akzeptanzbedingungen unserer nächsten Umgebung. Es ist überaus bedeutsam, diesen Prozess zu kennen, impliziert er doch u. a. zwei überaus wichtige Resultate:

Wir sind grundsätzlich Wesen, denen nichts fehlt, die prinzipiell alles sein können! Möglicherweise sind wir aber überfordert, alles gleichzeitig zu sein. Das wäre eine logische Erklärung für den Einschränkungseffekt. Denn so tolerant unser Umfeld auch sein mag: Zu Beginn des Lebensprozesses ist die Einschränkung von entscheidender Bedeutung. **Die „Wahl" aus all den Möglichkeiten ist unabdingbar, um den Lebens-Prozess in Gang zu setzen.** Unser Zeichenkünstler versteht das. Er grenzt das weiße Blatt mit seinem Kohlstift ein. Er trifft eine Auswahl, die er schwarz hervorhebt. Nur durch die hervorhebende Abgrenzung zum Untergrund wird etwas erkennbar.

Einschränkung muss demnach passieren und sie passiert aus Angst, ansonsten nicht gesehen, angenommen resp. geliebt zu werden. Angstvoll eingegrenzt werden die Aspekte unseres Selbst, mit denen unser Umfeld nicht klar kommt. Dies ist am Beginn des Lebensprozesses notwendig. Über diese Phase der angstvollen Einschränkung kommen manche Menschen allerdings ihr Leben lang nicht hinaus. Wie oft nehmen wir uns zurück, schnallen den Gürtel enger, nur damit wir angenommen und geliebt werden? Und wir tun es auch für viel weniger: für ein bisschen Toleranz, ein Krümelchen Daseinsberechtigung oder nur um Ärger zu vermeiden.

Nun, nachdem die Rahmenbedingungen gesteckt und der Embryo sich trotz alledem oder gerade deshalb für das Leben entschieden hat, kommt es zur Ausdifferenzierung in die entsprechende Richtung. Alles läuft nach einer scheinbar implantierten Software ab, jede Zelle weiß haargenau, was sie wann zu tun hat. Wir Eltern staunen, werden mitunter dazu verführt, diesen Vorgang doch möglichst genau zu beobachten, möglichst besorgt, da der „zivilisierte Mensch" der Natur ja nicht trauen kann. Grundsätzlich sind die pränatalen Störungsmöglichkeiten des Homo oeconomicus noch relativ verträglich, so dass selbst dieser letztlich ins Staunen kommt, angesichts des „Wunders" der Natur. Aber mit der Geburt verschärft er sein Überwachungsprogramm, will er nichts dem „Zufall" überlassen. Er misst, wiegt, kategorisiert, katalogisiert, manipuliert, als ob nun der innere Kompass der natürlichen Entfaltung nicht mehr funktionierte. Internalisierte Gesellschaftsdoktrinen werden zu leitenden Erziehungszielen.

Eltern setzen sich unter Druck, auf ihre Kinder einzuwirken und zwar so, dass diese in einer materialistisch rationalen Welt positionierbar werden. Qualitäten wie Leistungsbereitschaft, Funktionsbereitschaft, Anpassungsfähigkeit, Zielstrebigkeit u. ä. stehen dabei hoch im Kurs. Die Einschränkungen des Kindes werden durch diese Erwartungen und vorgegebenen Maximen also noch um ein Vielfaches dimensioniert. Der Weg des Lebens scheint für das Kind mehr oder weniger vorgezeichnet zu sein. Die Herausforderung besteht nur mehr darin, diesen Weg möglichst stolperfrei in Rekordgeschwindigkeit als Einzelkämpfer zu durchlaufen. Dies gelingt am besten, wenn eigene Wünsche begraben und Emotionales als Träumerei abgetan wird. Es scheint eine normierte Form des Seins zu geben. Schafft man es, sich darauf zu reduzieren, ist der Integrationsprozess gelungen. Konform ist man stets auf der Hut, nicht vom Kurs abzukommen.

Somit sehen zahlreiche Eltern ihre Leistung darin, ihr Kind zu einem nützlichen Mitglied der Leistungsgesellschaft zu erziehen. Dafür ist fast jedes Mittel recht. Es wird gezogen und verbogen. Und am Ende hat tragischerweise unvollkommenes vollkommenes eingeschränkt.

Was ist aus der Einzigartigkeit eines jeden von uns geworden? Wäre es nicht eine angemessenere Aufgabe von Familie, Kindern einen Rahmen zu schaffen, in dem sie ihre eigene Persönlichkeit möglichst uneingeschränkt entfalten können? **Einen solchen Rahmen zu schaffen wäre doch das, was Liebe tut: wachsen lassen, frei machen, Vertrauen schenken, Verbundenheit durch Mitgefühl erfahrbar machen, Erfahrungen ermöglichen und dabei den Raum der Wertfreiheit nicht verlassen, u.v.m.**

Mit derlei zügellos einschränkendem „Empfehlungs-Gedanken-gut" konfrontiert, hat der junge Mensch die größte Mühe dafür Sorge zu tragen, dass von ihm selbst noch etwas übrig bleibt. Wie funktioniert das? Nun, in der Psychologie redet man an dieser Stelle von Schutzmechanismen. Unser eigentliches Selbst, das zu größten Teilen nicht sein darf, wird gut eingepackt und versteckt. Und was wir dann leben ist das Überbleibsel eines großartigen Potentials. Mit diesem Überbleibsel identifizieren wir uns radikal, denn nur mit ihm werden wir wahrgenommen. Worum handelt es sich aber bei genauer Betrachtung, wenn wir von Überbleibsel reden?

Sind wir erst einmal auf 0,01% unseres Selbst reduziert, dann verlieren wir den bewussten Zugang zu den übrigen 99,99 %. Was geblieben ist, ist Zweifel an uns selbst, Selbst-Unsicherheit, Selbst-Misstrauen, ist die Angst vor kompletter Unbrauchbarkeit. Und die, die uns zuvor aus lauter Selbstzweifel, Selbstunsicherheit, Autonomieschwäche, Konformität, Faulheit und/oder Feigheit in diese Angst getrieben haben, stehen nun mit rettenden Armen vor uns und sagen: Tue nur, was ich Dir sage, dann kann Dir nichts passieren. Es ist letztlich der Klimmzug der Blinden, die sich zum Wegweiser erklärt haben, damit ihre eigene Odyssee getarnt und rechtfertigt wird.

2. Im Labyrinth unterwegs

Als Kind denken wir noch, dass mit uns etwas nicht stimmt, wenn die Wirklichkeit für uns nicht freudig ist. Irgendwie scheinen wir den Erwartungen wohl nicht zu genügen. Deshalb legen wir uns nun so richtig ins Zeug. Manche Kinder toben verzweifelt herum, andere resignieren bereits jetzt. In jedem Fall fällt den Erwachsenen eine entsprechende Etikettierung ein. Auch die sog. Fachleute zögern nicht lange mit der Erfindung stigmatisierender Krankheitsbilder. Sie richten ihre totale Aufmerksamkeit mit dem einengenden Fokus ihrer Vorstellungen auf das Kind und attestieren sarkastisch: Es handelt sich bei Ihrem Kind um ein Aufmerksamkeitsdefizit! Und so werden die stärksten Kinder medikamentös für ein Leben nach Plan gefügig, mindestens aber als Störfaktor unschädlich gemacht.

Dann gibt es aber doch auch Kinder, die das Programm bis zu ihrer Pubertät überleben. Die Jugendzeit ist ein Aufleuchten unseres eigentlichen Selbst. Wir wagen uns mehr oder weniger aus unserem Versteck hinaus und protestieren, stellen in Frage, zweifeln an. In den Augen der Erzieher ist das äußerst unbrav und unbequem, deshalb kommt es zu Kämpfen und Kleinkriegen. Der junge Mensch fühlt sich gefesselt, ungesehen, unverstanden, ungeliebt, in seiner Ganzheit inakzeptabel. Er spürt nun genau, dass es um sein Leben geht. Er will nicht länger gesteuert werden, sondern seine eigenen Entscheidungen treffen, eben autonom sein, seine Möglichkeiten wählen und sich so seine Welt erschaffen.

Er steht einer Gesellschaft gegenüber, die ihm das nicht zutraut. Was soll es da auch Großartiges zu wählen geben? Die gesellschaftlichen Ziele sind doch klar definiert und der Weg dorthin wurde schon geebnet, ausgetrampelt, von all den Schafherden, die schon lange nicht mehr an ein Leben vor dem Tod glauben. „Hey junges Volk, was soll denn das? ... und leistet ihr doch erst mal was! ... ihr werdet auch noch mal gescheit, das bringt die Zeit!" In der Form bringt Udo Jürgens diese Situation auf den Punkt, der mit seinen authentischen Liedern nichts unversucht lies, Menschen wach zu rütteln, sie an ihre Sehnsucht nach wahrhaftigem Leben zu erinnern und ihnen Mut zu machen, alles zu tun, was gut tut.

Autonomie wird erst erfahrbar genau in dem Wechselspiel von Wirklichkeit und Möglichkeiten. Dieses Wechselspiel ist der Lebensprozess. Eine vorgefundene Wirklichkeit eröffnet immer mehrere Möglichkeiten, mindestens aber zwei kontrastive: ich schreibe dieses Buch oder aber ich lasse es bleiben. Offensichtlich habe ich mich dafür entschieden, jedenfalls konnte ich nicht nicht entscheiden. Es einfach nicht zu schreiben wäre auch eine Entscheidung gewesen, nachdem die Möglichkeit es zu tun, in mir aufgegangen war. Hätte mir aber jemand verboten, dieses Buch zu schreiben, so hätte er versucht mir meine Freiheit zu nehmen, mir die Verantwortung für mein Tun zu entreißen, mein Leben einzuschränken.

Junge Menschen wollen sich ausprobieren, entdecken, was in ihnen steckt, wollen letztlich sich entdecken und ihr Leben leben, also autonom sein. Sie wollen einen Raum von Möglichkeiten, um selbst wählen zu können. Es drängt sie danach, ihr Leben – wie auch immer sie sich entscheiden – selbst zu verantworten.

Nach diesem lauten Aufschrei unseres Selbst, dem starken Sog des Lebens, der maßlosen Kraft und dem zügellosen Mut dieser Lebensphase Jugend, kriegen die meisten es wieder mit der Angst zu tun. Da ist sie wieder, die Angst des kleinen Kindes aus allen Bezügen und Halterungen zu fliegen, und ohne diese, nicht lebensfähig zu sein. So begründet und sinnvoll diese Angst am Beginn unseres Lebens war, so unbegründet und störend ist sie jetzt. Jetzt gilt es, sein Leben zu riskieren: Die frühkindliche Angst einfach auszuhalten, dem Kopf mit seinen raffinierten einschränkenden Botschaften Einhalt zu gebieten und ehrlich bei sich zu bleiben, sich selbst nicht zu verraten, sich selbst treu zu bleiben, die eigenen Träume nicht zu zerplatzen. Die Wirklichkeit, in der wir uns befinden, haben wir uns unbewusst erschaffen, um die Schranken der Kindheit zu reproduzieren, die wir nun überschreiten sollen. Alle Herausforderungen des Lebens, ob in Ehe und Familie, am Arbeitsplatz oder unter Freunden sind solche Re-inszenierungen, die wir am liebsten vermeiden wollen. Lieber tauschen wir den Partner aus, verlassen unsere Familie, wechseln den Arbeitsplatz und den Freundeskreis, als diese Kleinheit des Kindes in uns zu spüren. Denn dies sind die Momente der höchst möglichen Instabilität und Sensibilität, die Augenblicke, um ein Bild des Quantenphysikers Hans-Peter Dürr zu benutzen, in dem das Pendel präzise oben in der Mitte steht und es nicht berechenbar ist, ob es nach links oder rechts herunterfällt. In diesem Augenblick, derart auf uns selbst geworfen, ist es so, als ob wir den Boden unter den Füßen verlieren und das Leben uns zuflüstert: Nur so lernst Du fliegen.

„Ach was, - wie könnte der ´Himmel´ Dich tragen! Rein physikalisch – nicht möglich! Ansonsten New Age Kram oder religiöses Geschwafel."

Würden die meisten Menschen dieser Angst nicht nachgeben, dieser Angst, die sich hinter den gut gemeinten Ratschlägen des Verstandes versteckt, dann sähe die Welt heute anders aus. Aber was kann der Verstand schon hervorbringen? Er greift immerzu auf alte Erfahrungen und Ängste zurück, färbt sie ein, tarnt sie. Er plustert sich als Wegweiser auf und ist raffiniert genug, uns das ewig Gestrige als ganz etwas Neues vorzugaukeln.

Offensichtlich hängen ganze Generationen junger Menschen letztlich immer wieder ihre „Fähnchen" in den Wind, nachdem sich „Sturm und Drang" des eigenen Selbst wieder gelegt haben. So dachten sie, sich die Angst zu ersparen und ihr Leben in Sicherheit zu bringen. Und außerdem war das ja auch sehr bequem, weil man nichts mehr verantworten musste. Ja, man konnte nicht einmal wirklich zur Rechenschaft gezogen werden, wenn man sich auf der gesellschaftlichen Normalitätsfolie bewegte. Und da gab es ja noch die ewigen Rebellen, die im Widerstand stecken geblieben waren. Wie die geendet waren, - abgewrackt, verzweifelt, frustriert, erfolglos, Versager eben, abschreckende Figuren. Und sollte es dennoch ein paar geben, die ihr Leben gewonnen hatten, so hatten die zwar keinen Verstand, dafür aber riesiges Glück.

Und die Herde zog weiter und all die braven Schäflein verloren ihr eigenes Leben. Auf deren Todesanzeige stand zu lesen:

Voller Arbeit war ihr Leben, Fleiß und Mühen ohne End´,
sich geplagt und hingegeben und das eigne SEIN verpennt.
Brav und folgsam aufgeopfert, morgens, mittags, in der
Nacht, freilich, hätt´ man sie gefragt, hätten sie es anders
g´macht. Ruhet sanft in ew´ger Stille, leise in Vergessenheit,
und der Schnee verwischt die Spuren … dabei hat es nie
geschneit!

3. Die Entdeckung der Irrwege

Es ist nahezu unmöglich, auf direktem geraden Weg aus einem Labyrinth zu entkommen. Es braucht mehrere Versuche, um die Irrwege zu lokalisieren. Indem man dann weiß, wo es nicht lang geht, erhöht sich die Wahrscheinlichkeit, den erfolgversprechenden Weg zu finden. Es ist also ein Ausschlussverfahren, das zielführend ist. In diesem Sinne gibt es auch im Leben kein Scheitern, keine Fehler. Jede Erfahrung führt zu der Erkenntnis, wo es für uns selbst weiter geht.

„Aber was ist nun mit der Schafherde, waren sie nicht doch die Lebenstauglicheren? Schließlich sind sie gemeinschaftlich geradewegs durch das Labyrinth durch gebrettert? Also, so dumm war das vielleicht gar nicht?"

Die Schafe haben alle Regeln des Labyrinth-spiels ignoriert, sind blindwütig über alles drüber getrampelt, haben hinter sich alles verwüstet und sind außerhalb des Spielfeldes gelandet. Da sie nicht bemerkt haben, dass sie an einem Spiel teilnehmen, gab es für sie unterwegs auch nichts zu erkennen, zu erreichen, zu gewinnen. Nach dem mühevollen Hürdenlauf kam ihnen nur alles ganz sinnlos vor, weil es ja gar kein Ziel gab, das sie hätten erreichen können.

Aber in Wirklichkeit gibt es gar keine „Schafe", sondern nur Menschen, die sich nicht trauen zu leben!

Familiensystemisch konnten wir einige Irrwege ausmachen. Und nicht nur wir Sozialwissenschaftlerinnen konnten einen tiefen Einblick in die Wirklichkeit gewinnen, v. a. auch Menschen, wie Hans-Peter Dürr, konnten mit ihren Erkenntnismethoden einen solchen Einblick in das Leben erhalten. Dürr war Quanten-Physiker. Im Gelehrtenkreis von Edmund Teller, Werner Heisenberg, Carl-Friedrich von Weizäcker u. a. war er den „Wirks" auf die Spur gekommen. Die Quantenphysiker stellten zu Beginn des 20igsten Jahrhunderts fest, dass die Welt in ihrem Grunde nicht aus Materie gebaut ist. Wirklichkeit entsteht aus einem unendlichen „Meer der Möglichkeiten" durch resonante Wahrnehmung, Beobachtung, also einem gewählten eingeschränkten Fokus auf eine Möglichkeit (= „Wirk"). Und da haben wir es wieder: Das Wechselspiel zwischen Wirklichkeit und Möglichkeiten. Mit der Wahl einer Möglichkeit stiftet sich die neue Wirklichkeit, die ihrerseits wieder zahlreiche Möglichkeiten eröffnet usw. Die Entdeckung der Quantenphysiker wurde schnell für wirtschaftliche und militärische Ziele nutzbar gemacht. Wir alle leben mit dieser Technik ganz selbstverständlich, können mit Handys pausenlos herum fuchteln ohne zu wissen, warum diese Dinger eigentlich funktionieren. Dürr hat es allerdings verstanden, aus diesen naturwissenschaftlichen Erkenntnissen die Konsequenzen für den ganz konkreten Lebensprozess abzuleiten. Dieser Scharfgeist konnte erklären, warum das Lebendige und sein Prozess u. a. Eigenschaften wie Spontanität, Kreativität,

Intuition und Emotionalität aufweist. Er gab uns zu verstehen, warum das Leben nicht greifbar, berechenbar oder planbar linear auf einen Punkt hin abzielt. Dürr sah die Schwierigkeiten unserer Zeit darin, dass wir das Leben immer noch als stabiles Gebäude, das aus kleinen Bausteinen besteht, in den Griff bekommen wollen. Dieses alte Verständnis von der Realität, das in unserer rationalen Leistungsgesellschaft als „Conditio sine qua non" verordnet wird, sei Ursache für all die Irrläufer, die nun an den eigenen Vorstellungen zu Grunde gingen. Die Wurzel des Übels ist ein völlig falsches Verständnis von Wirklichkeit, ein Verkennen dessen, was Leben tatsächlich ist. Eine Ahnung vom Lebendigen wird in immer mehr Menschen präsent; die Quantenphysik hat gute Gründe entdeckt, diesen Ahnungen zu folgen.

a) Du bist, was Du aus Dir machst!

Dies ist wohl einer der gängigsten Irrwege. Da wir die Erin-
nerung an unsere Vollkommenheit am Beginn des Aben-
teuers vergessen haben und uns vor lauter Einschränkungen nur noch nichtig und klein fühlen, klingt es für unseren
Verstand ganz logisch, dass wir zu Beginn völlig unzurei-
chend, geradezu unvollkommen sind. „Kind, aus Dir muss
erst einmal etwas werden" oder wie Udo Jürgens es aus-
drückt: „Ach Kind, komm´ lass die Fragerei, für sowas bist
Du noch zu klein! Du bist noch lange nicht so weit…". In
diesem Verständnis sind wir Hardware in der Minimalaus-
stattung, ein leeres weißes Blatt. Da bedarf es so mancher
Aufrüstung und vor allen Dingen einer geeigneten Software, oder verdammt viel (Zeichen-) Kohle, um überhaupt
brauchbar zu werden. Also meinen diejenigen es ja nur gut,
die uns mit dem „notwendigen" Handwerkszeug für das
Leben ausstatten. Dazu zählt in unserer Kultur im Wesentli-
chen: Bildung von Anfang an!

Wir warten mit Lernprogrammen auf, in die wir bereits
Babies hineinpferchen: Da wird geimpft, eingetrichtert,
verglichen, trainiert, ohne vertrauensvolle Rücksicht auf die
naturwüchsige Entfaltung persönlicher Besonderheiten. Es
ist festgelegt, wann wer eine Leistung abrufbar bereit stellen muss. Damit die Beobachtung einer normalen Entwicklung kontrollierbar ist, wurde ein System von Leistungsprü-

fungen erfunden. Der genormte Mensch ist das Ziel, deshalb sollten alle individuellen Abweichungen möglichst ausnivelliert werden. Ab einem bestimmten Alter muss das Kind krabbeln, laufen, trocken sein, sprechen usw. Wenn es diese Erwartungen nicht erfüllt, haben gute Eltern dafür Sorge zu tragen, dass ihrem Kind ordentlich nachgeholfen wird. Entweder sie können die „Nachhilfe" selbst leisten, ansonsten müssen sie von entsprechenden Fachleuten nachhelfen lassen. Ganze Dienstleistungszweige konnten sich so entwickeln: Vom Sprachtrainer bis zum Kinderpsychiater ist alles vorhanden. Entsprechende Literatur macht die Eltern zu Babytrainern, überlassen doch nur „verantwortungslose" Eltern die Entwicklung ihres Kindes dem „Zufall".

Das Kind spürt sehr schnell, dass es irgendetwas leisten muss, um keinen Ärger zu bekommen. Es möchte doch so gerne immer wieder hören: Das hast Du sehr gut gemacht! Sehr brav! Es will die Eltern zufrieden stellen, nur dann fühlt es sich wirklich angenommen. Einfach sein, reicht offensichtlich nicht aus. Es gilt, bestimmte Qualitäten zu entwickeln, insbesondere ist da Intelligenz auf dem Gesellschaftsmarkt sehr gefragt, die Fähigkeit, durch abstraktes logisches Denken Probleme zu lösen und zweckmäßig zu handeln. Die Eltern transportieren die Werte einer Leistungsgesellschaft, in der Kreativität, Spontanität, Liebesfähigkeit, Intuition u. ä. kaum noch eine Bedeutung haben. Von Beginn an befinden wir uns also in einem wertenden

Raum, in dem sehr deutlich definiert wird, welche Verhaltensweisen gewünscht, welche unerwünscht sind. Das Werten und Beurteilen gehört von Anfang an ganz unhinterfragt zu unserem Leben.

„Welche „Schlüsselqualifikationen" transportieren Eltern?"

Eltern wollen nicht, dass sie und ihre Kinder auffallen, v. a. nicht negativ. In der Erziehungspraxis transportieren sie deshalb sehr authentisch Anpassungsfähigkeit, also die Fähigkeit sich unterzuordnen und Erwartungen zu erfüllen als notwendige Qualifikation. Leistungsbereitschaft und Zielstrebigkeit sind ebensolche Qualifikationen, die wiederum auf Durchsetzungskraft und der Fähigkeit, eigene Bedürfnisse zu kanalisieren, gründen.

Wayne Dosick, Religionswissenschaftler und Psychologe formuliert in seinem Buch: „Kinder brauchen Werte" 10 Lebensregeln, die Kindern Halt und Orientierung geben sollten:

Respekt

Wahrhaftigkeit

Fairness

Verantwortungsbewusstsein

Mitgefühl

Dankbarkeit

Freundschaft

Friedfertigkeit

Streben nach persönlicher Reife

Die Fähigkeit, an etwas zu glauben

„Niemand wird die Sinnhaftigkeit dieser Werte ernsthaft bezweifeln. Wie vermitteln sich solche Werte? Wie lassen sie sich überprüfen? Und zählen diese Qualitäten wirklich, wenn es darum geht, eine Schule erfolgreich abzuschließen, eine Ausbildung zu absolvieren und sich in einem Beruf zu bewähren?"

Die Rektorin einer Volksschule brachte dieses Denken mir gegenüber mal so auf den Punkt: „Mit Liebe wird ihr Sohn nicht lernen, wie man „Baum" schreibt". So sehen das wohl die meisten Eltern und Erzieher. Gefangen in einem anachronistischen darwinistischen Denken, in dem nur die Leistungsstärksten zum Ziel kommen, wird das Leben zum Dauerkampf, zum Wettbewerb. Nur die Schrumpfgestalt des Homo oeconomicus hat in diesem „Gedankengut" eine wirkliche Chance. Der Nächste wird somit zum Konkurrenten, zum Gegner, ja zum Feind, und „Feinde" sollte man doch tunlichst frühzeitig erkennen, um sie unschädlich zu machen. Respektvoll jedem anderen gegenüber zu sein oder sich gar mitfühlend mit ihm verbunden zu fühlen, ist kontraindiziert, könnte sogar selbstschädlich sein. Wir machen unsere Kinder zu isolierten Einzelkämpfern, statt ihre Fähigkeit zur Kooperation zu fördern. Ein solch´ abgetrenntes Leben, eine derartige Verstümmelung unseres Selbst, ist immer ein Leidensweg, der u. a. zu Zuständen wie Burnout oder Depression führt.

„Wie sieht es mit der Wahrhaftigkeit aus?"

Für einen materialistischen Leistungsdenker ist es naiv, immer ehrlich zu sagen, was er denkt und spürt. Mindestens Notlügen sind für ihn äußerst zweckdienlich und nahezu unvermeidlich um eigene Interessen strategisch geschickt zu verfolgen.

„Und was bedeutet Fairness?"

Es bedeutet „anständig", „ordentlich". Wer fair ist verhält sich anderen Menschen gegenüber gerecht und ehrlich. Wer bestimmt aber, was gerecht ist? Dass Gerechtigkeit mit Recht nichts zu tun hat, ist evident. Recht wird durch Gesetze, Verordnungen und Gerichtsurteile bestimmt. Gerechtigkeit wird in Wikipedia definiert als ein „idealer Zustand des sozialen Miteinanders, in dem es einen angemessenen, unparteilichen und einforderbaren Ausgleich der Interessen und der Verteilung von Gütern und Chancen zwischen den beteiligten Personen oder Gruppen gibt." Aber sag du mir, wie vermittelt sich Gerechtigkeit pädagogisch in einer Leistungsgesellschaft, in der es mehr um georderte Gleichheit als um kooperierenden Ausgleich unterschiedlichster Menschen geht?

„Aber immerhin steht dem Verantwortungsbewusstsein in unserer Kultur nichts im Wege!"

Verantwortung und Freiheit sind korrespondierende Begriffe. Nur der Freie kann Verantwortung übernehmen, weil er sich für sein Tun entschieden hat. Der Unfreie wird immer von sich weg zeigen. Er fühlt sich nie schuldig und erklärt ständig andere für verantwortlich. Also: keine Verantwortung ohne Freiheit. Das dürfte in einer neurotischen zwanghaften Gesellschaft mit der Verantwortung nicht sehr weit reichen.

„ Wie lernt ein Kind Freiheit?"

Freiheit braucht es nicht zu lernen, es ist das, was ist, jenseits von Einschränkung. Das gilt übrigens für alle Werte da oben. Es sind die Erwachsenen, die mit der Freiheit nicht zurechtkommen. Sie haben geradezu Angst davor, weil sie nicht mehr daran gewöhnt sind, - ähnlich wie ein Häftling nach lebenslanger Freiheitsstrafe.

„Ich finde Eltern, die dafür Sorge tragen, dass ihre Kinder keine Dummheiten machen sehr verantwortungsvoll. Wenn man Kinder frei tun und machen lässt, was sie wollen, womöglich noch zuschaut, wie sie auf Abwege kommen, kriegt man in Deinem Spielverständnis sicher einen Bonuspunkt. Warum – in Gottes Namen – sollten wir Kindern Rätsel zumuten, die wir Eltern schon längst für sie gelöst haben?"

Bist Du Dir wirklich sicher, dass wir Eltern wissen, was das Beste für unsere Kinder ist? Bist Du Dir da wirklich ganz sicher? Könnte es nicht sein, dass etwas für sie gut ist, was für dich gar nicht gut war? Wirst Du Ihnen Erdnussbutter verbieten, weil du allergisch dagegen bist? Es gehört viel Vertrauen dazu, unsere Kinder sukzessive in ihre Freiheit zu entlassen. Die meisten Eltern haben davor große Angst. Angst ist die Energie, die festhält und versperrt, Verstecke und Fluchtwege baut und dabei eine Menge Schaden anrichtet. Sie ist das Gegenteil von Vertrauen. Meines Erachtens trauen Eltern ihren Kindern heute immer weniger Freiheit und Verantwortung zu, was nachweislich zu Autonomieschwäche und Gebrauchsbeziehungen unter den Menschen führt, fern ab von jeglicher Lust auf Leben. Im Grunde trauen wir unseren Kindern das Leben nicht zu. Leben kann man nicht lernen, Leben muss man erfahren, langsam, Schritt für Schritt. Wenn wir unseren Kindern aber Erfahrungen ersparen wollen, dann ist es so, als ob wir ihnen das Leben ersparen möchten.

„Und auch die anderen Qualitäten, die Dosick vermitteln will, lassen sich wohl nicht didaktisch vermitteln, sondern nur erlebbar machen."

Wir finden diese Qualitäten und Werte gut, ja sehr gut, fänden es klasse, wenn die Welt mit solchen Menschen besiedelt wäre, aber letztlich sind solche Ideale für den rationalistischen Realisten Träumereien, fern ab von jeder Wirklichkeit. „So geht´s nun einmal leider nicht in unserer Welt". Für einen Realisten existiert nur das, was er begreifen kann. Das Träumen hat er sich längst abgewöhnt. Und so vermitteln Eltern realistisches Handwerkszeug, damit ihre Kinder sich durch eine Welt voller Gefahren durchschlagen können.

Dass das aber nicht immer gelingt, ist für die Realisten sehr ärgerlich. Der Rückschluss, den sie daraus ziehen ist: Es stimmt etwas mit unseren Kindern nicht. Der Druck auf die Zöglinge wird erhöht, das Bildungsniveau gesenkt. Dass aber etwas mit unserer Realität nicht stimmen könnte, wird nicht ernsthaft in Betracht gezogen. Realität ist laut Hans-Peter Dürr „verkalkter Geist", ist das, was nicht mehr die Qualitäten des Lebendigen hat. Wirklichkeit, so konnten die Quantenphysiker herausfinden, ist lebendiger Geist, eine „Welt" vor der Realität, die „Welt" der unbegrenzten Möglichkeiten. Erst mit unseren „Träumen" ordnen sich die Quantenwellen so an, dass die für uns greifbare Realität herauskommt. Und diese Realität wird in jedem Augenblick neu geschaffen. Oskar Wilde schrieb einmal: „Es ist wichtig Träume zu haben, die so groß sind, dass man sie nicht aus dem Auge verliert, während man sie verfolgt".

Was passiert also eigentlich, wenn wir Kindern ihre Träume nehmen und sie für ein realistisches Leben ausstatten? Wir nehmen ihnen ihre Lebendigkeit und uns selbst die Aussicht, auf eine andere Zukunft. Dabei ist die Zukunft offen!

„Warum ist diese Erkenntnis der Quantenphysik nicht in die Köpfe der Menschen gelangt, sondern nur in die Hände unserer erfolgreichen Mikro-Elektronentechniker, die damit zunächst mal eine Atombombe bauten?"

Es erfordert ein radikales Umdenken, an das wir nicht gewöhnt sind. Jede Familiensystemdiagnostik bestätigt diesen Schöpfungsprozess: Am Anfang steht ein Überzeugungsmuster, dann ereignet sich unser greifbares Leben!

Dosick´s Werte sind tatsächlich die Qualitäten des Lebendigen und deshalb trauen wir ihnen nicht. Sie sind nichts, was Kindern zu vermitteln ist, es ist das, was unsere Kinder, was wir Menschen im Grunde unseres Herzens sind. Familie braucht demnach nur einen Schutzraum zu bieten, in dem wir sein dürfen, so, wie wir gemeint sind, komplett ausgestattet vom Leben selbst. **Unseren Kindern fehlt nichts, uns fehlt nichts, nichts als ein wahrer Blick auf das Leben.**

b)   Du bist, was Du hast!

Wenn nur das Greifbare Gültigkeit hat, dann zählen auch nur entsprechende Werte. Zwar stimmen mir die meisten Menschen zu, wenn ich sie an die alte Volksweisheit erinnere: Geld macht nicht glücklich! Dennoch bleiben sie trotz aller gegenläufigen Erfahrungen in der Überzeugung, dass es aber doch unbedingt die Voraussetzung ist, um glücklich zu sein. Und weil ja alle Menschen glücklich sein wollen, bleibt ein gewisser Reichtum, der sich dann wiederum in der Regel nur bei einem gewissen gesellschaftlichen Status einstellt, das vorrangige Ziel. Freilich erleben so manche Genugtuung beim Blick auf ihr Sparkonto, beim Polieren ihrer Luxuslimousine oder wenn sie über das neueste Smartphone verlautbaren können: Hier Prof. Dr. Sowieso, womit kann ich Ihnen dienen? Wir denken: Nur mit Geld, Besitz und Macht ist es möglich in der Gesellschaft Anerkennung zu ernten, sich Respekt und Achtung zu verschaffen, mehr noch, überhaupt als wertvolles Mitglied zu gelten. Psychologen wie Maslow meinten dies mit entsprechenden Bedürfnispyramiden untermauern zu können:

Selbstverwirklichung

Individualbedürfnisse

Soziale Bedürfnisse

Sicherheitsbedürfnisse

Physiologische Bedürfnisse

In diesem traditionellen Denken gefangen folgen wir einem Wirklichkeitsverständnis der alten Physik, das besagt: Die Welt ist aus kleinen Teilchen zusammengesetzt. Du brauchst nur alle Gesetzmäßigkeiten zu kennen, Teilchen entsprechend zu manipulieren und du erschaffst die Welt, in der Du glücklich sein kannst. Der Verstand sagt: Klingt ganz logisch, habe keine Einwände! Und logisch scheint es doch auch zu sein: Je mehr „Teilchen" Du manipulieren kannst, umso glücklicher bist Du.

Also krempeln wir die Hemdsärmel hoch, schließlich liegt da eine Menge Arbeit vor uns, ein weiter steiler Weg bis zur Spitze der Pyramide, die möglichst schnell und ohne lange Umwege einen wohltuenden Ausblick verspricht. Zunächst müssen wir Güter anhäufen, diese absichern und weiter vermehren, einen angemessenen Status erreichen, den passenden Partner für unsere Emotiönchen installieren und dann triumphieren wir über all die Versager, die nicht genügend Biss haben, es uns gleich zu tun.

An diesem Ziel angelangt stellt sich statt Glück Einsamkeit ein, so etwas wie Leere macht sich breit, Sorge und Angst um Bestandsicherung, schließlich gibt es genug Faktoren, die unsere Pyramide ins Wanken bringen könnten. Die Anstrengung lässt nicht nach. Von alleine scheint sich unser Gebäude nicht zu halten. Wir müssen für Stabilisierung sorgen, denn eines ist ganz deutlich spürbar: Wenn da etwas zerbricht, dann fallen wir tief. Der gesamte Selbstwert würde zusammen brechen, denn diesen leiten wir ausschließlich von dem ab, was wir geschaffen haben.

„ So bleiben wir beschäftigt, schließlich ist das Leben kein Ponyhof."

Menschen der vergangenen Generationen konnten sich so ein langes Leben lang über Wasser halten. Die meisten davon glaubten, dass der wahre Lohn im Himmel auf sie warte, was sehr motivierend war, dennoch weiter zu machen wie gehabt. Heute werden diejenigen nicht einmal mehr beneidet, die das glauben können, vielmehr als Spinner verlacht.

Wir sind zu dem geworden, was wir haben. Nichts anderes hat Gültigkeit. In dieser Selbst-Reduzierung macht sich eine Leere breit, stellt sich Sinnlosigkeit ein. Gefüllte Psychiatrien, frühzeitiger Tod durch Wohlstandskrankheiten oder verzweifelter Suizid stehen am Ende dieser Entwicklung, statt Selbst-Verwirklichung. In dieser Phase der Evolution angelangt werden die Einwände des Lebens offensichtlich. Nicht nur einzelne Menschen brechen zusammen, eine ganze Gesellschaft steht vor dem Kollaps.

Und das liegt nicht daran, dass wir nicht gut genug waren, nicht stark genug um die Pyramide zu besteigen, es liegt ganz einfach daran, dass die Pyramide falsch herum steht. Wenn uns nichts fehlt, außer das Vertrauen in uns selbst, dann geht es zunächst darum, nicht länger an uns selbst zu zweifeln. Trauen wir unseren Gefühlen und Intuitionen, dann agieren wir angstfrei aus uns heraus in gelebter Verbundenheit mit unserem Ursprung, der rein geistiger Natur ist. Es zählen auf dieser Schöpfungsebene im Grunde ganz andere Werte. Diese Werte zeichnen sich aus durch ihre Nicht-Greifbarkeit. Wir können sie nicht kaufen oder machen und das brauchen wir auch nicht. Sie sind ganz einfach da. Einen Reichtum, der nicht von dieser Welt ist, so beschreiben ihn die Religionen, einen Frieden, den die Welt nicht geben kann. Jesus rät uns in Matt. 6:31-33 : Darum sollt ihr nicht sorgen und sagen: Was werden wir essen, was werden wir trinken, womit werden wir uns kleiden? Nach solchem allem trachten die Heiden. Denn euer himmlischer Vater weiß, dass ihr des alles bedürft. Trachtet am ersten nach dem Reich Gottes und nach seiner Gerechtigkeit, so wird euch solches alles zufallen." Nur die allerwenigsten sind in der Geschichte diesem Rat gefolgt, entspricht er keineswegs der Logik unseres Verstandes, der da immerzu sagt: Erst musst Du etwas haben, so sein, wie die anderen Dich haben wollen, dann kannst Du sein. Zunächst brauchst Du eine Menge Kohle, Prestige und Macht, dann kannst Du Dir in Deiner Freizeit ein bisschen „Seelenpflege" leisten, Dein Selbst aufbauen. Das macht Dich dann noch erfolgreicher und somit noch glücklicher. Selbst, wenn wir beobachten können, und das habe ich als Sozialwissenschaftlerin nun bereits seit über 20 Jahren sehr präzise getan, dass diese „Vernunft" noch nie zielführend war, scheint ein Umdenken für die meisten unter uns undenkbar.

Nun, da die Naturwissenschaftler, vor allem die Quantenphysiker, eine neue Sichtweise der Wirklichkeit entdeckt haben, kann unser Verstand auch verstehen, warum das Um-denken eine Notwendigkeit ist, um reich-lich leben zu können. Alles Materielle ereignet sich zu allererst in Folge eines Resonanzmusters, durch Wahrnehmung und Bedeutung. Demnach kommt es darauf an, was wir über uns denken, ob wir uns als Teil eines Ganzen verstehen oder immer noch an der zwanghaften und doch so unerklärlich zufälligen Determination eines Darwin festhalten, der unseren Ursprung jenseits jeder geistigen Natur zu lokalisieren suchte.

Menschen, die hingegen nie an ihren Möglichkeiten zweifeln, die das Leben wie ein Abenteuerspiel nehmen, also alles Mögliche ausprobieren, Menschen, die tun was sie wollen, und wollen, was sie tun, erschaffen aus ihrem inneren Reich heraus scheinbar ganz nebenbei auch einen Wohlstand materialistischer Art. Und das ist nur logisch, weil letzterer eine Konsequenz, oder um mit Dürr zu reden, die „Verschlackung" unserer Überzeugungen ist.

„Also: Wo sind Reichtum, Zufriedenheit, Gelassenheit, Lebenslust, der „Himmel" wirklich zu finden?"

„Das Reich Gottes kommt nicht so, dass man´s beobachten kann; man wird auch nicht sagen: siehe, hier ist es! oder: Da ist es! Denn siehe, das Reich Gottes ist mitten unter euch" (Lk 17, 20-21).

„Klasse, eine Antwort vom Chef persönlich."

Es ist schon sehr erstaunlich, dass moderne Wissenschaft sämtliche Religionen in ihren Kernaussagen bestätigt, dass Erkenntnisse der Ratio (Vernunft) und der Revelatio (Offenbarung) keineswegs im Widerspruch stehen.

„Du bist, was Du hast" verkehrt sich demnach evidenter weise in: „Du hast, was Du bist!" Die Welt, die Du wahrnimmst spiegelt in gewissem Sinne Deine Überzeugungen. Bleiben wir im Newton´schen Denkmuster verhaftet, dann bleiben wir in der Überzeugung unserer Kleinheit gefangen. Nie werden wir ausreichen, so dass ein mühsames Weiterbauen an einem verfälschten Selbst, dem EGO, einer endlosen Sisyphusarbeit gleichkommt. Anstatt uns selbst zu finden, verlieren wir uns, weil wir uns von uns selbst entfernen, statt uns näher zu kommen. Es bedarf also nur eines Richtungswechsels, zu dem uns unser Herz schon seit Äonen aufruft. Kein neuer Guru muss uns den Weg weisen, keine falschen Propheten lauthals bellend voran laufen. Wir benötigen schon gar keine esoterischen Seminar-Trainer, die in uns nicht mehr sehen, als jemand, der noch nicht so weit ist! Diese Defiziterklärer haben nur eine vorübergehende Marktlücke entdeckt, nicht aber uns völlig potente Menschen. Ganz im Gegenteil! Diese Halbgötter, die mit Engeln besser reden können, als mit Menschen, kreieren nur andere Ziele, die es zu erreichen gelte ... und ehe wir uns versehen schieben wir schon wieder den Felsblock im Hades. Mit dem Selbstzweifel der Menschen lässt sich halt nach wie vor leichtes Spiel betreiben. Unser Selbstzweifel passt hervorragend in das Egoprogramm der blinden Blindenführer.

„Warum ist es für viele Menschen so schwer, aus dem Selbstzweifel herauszukommen?"

Sie haben sich im Täter-Opfer-Retter-Netz verstrickt und sehen vor lauter Bäumen den Wald nicht mehr.

c) Du bist, wenn Du andere für Deine Zwecke manipulieren kannst (Täter-Opfer-Retter-Netz)

Dem Denken der alten Physik folgend ist es nur konse-
quent, dass wir Menschen uns als eine mehr oder weniger
schön geformte Materieansammlung verstehen, die möglichst lange funktionstüchtig bleiben sollte. Der Organismus
sollte ungestört ablaufen können, Störfaktoren gilt es frühzeitig abzuwenden, vorhandene Störungen möglichst rasch
zu beheben. Dies soll durch entsprechende Kontrollzentren
(Krankenhäuser, etc.) gewährleistet werden. In dieser
Weltvorstellung, in der wir ein groß geratenes Teilchen
sind, oder eben eine raffinierte Teilchenansammlung, sind
alle anderen natürlich auch solche Teilchenhaufen. In einem derartigen Konglomerat geht es nun offenbar im rationalistischen Denkmuster darum, die anderen „Teilchenhaufen" derart anzuordnen resp. zu manipulieren, dass
diese den eigenen Zweckvorstellungen dienen. Und so ent-
stand ein Menschen-Geflecht, in dem es nur drei charakte-
ristische Positionierungen gibt: Täter-Opfer-Retter! In diesem Wirklichkeitsverständnis der Bauteilchen-Theorie, soll
durch strategisches Verschieben von Greifbarem, die jeweils eigene Position verbessert werden. Das sollte deshalb möglich sein, weil die Bausteine im Grunde als isoliert
voneinander betrachtet werden, Vernetzung ist in dieser
Vorstellung etwas bewusst oder unbewusst Entstandenes,
also das Sekundäre.

Die neue Physik lehrt uns, dass es genau umgekehrt ist. Das ist letztlich der Grund dafür, dass sämtliche sozialen Gefüge, deren Basis das alte Teilchendenken ist, keinen dauerhaften Bestand haben.

Aber schauen wir uns das Täter-Opfer-Retter-Muster nun genauer an:

Wir spielen dieses Spiel anscheinend immer und überall in den unterschiedlichsten Variationen. Doch in diesem Spiel gibt es stets nur Verlierer. Es ist kein Plussummenspiel, das durch Kooperation zum Gewinn und Erfolg aller führt, sondern ein Nullsummenspiel, bei dem der Gewinn des einen nur durch den Verlust des anderen möglich ist.

Niemand will aber ein Verlierer sein. Anstatt einfach dieses Nullsummenspiel nicht mehr zu spielen, üben und rüsten wir uns auf, um innerhalb des Nullsummenspiels auch einmal auf dem Siegerpodest zu landen. Nun, in Familien sieht das dann zum Beispiel so aus:

Es war einmal ein kleiner Bube namens Hansi, der seine Mutter Gertrude über alles liebte. Der Vater Johann war schon gestorben. Die Mutter liebte auch ihren Buben über alles. Daran konnte doch nichts falsch sein? Nur Neider mit bösen Zungen redeten hinterrücks, dass der arme Ehemann so krank geworden sei, seitdem sein gleichnamiger Sohn Hansi geboren war, - als hätte das etwas miteinander zu tun?! Freilich musste sich Gertrude nun intensiv um Hansi kümmern, wie sollte ein Baby denn sonst überleben? Das war doch klar, für jedermann! Johann hatte sich doch auch so sehr über seinen Stammhalter gefreut, voller Stolz gab er ihm seinen Namen. Die Ehe war gesegnet und Hansi war der lebende Beweis der Liebe zwischen Gertrude und Johann. Aber die Leute hatten ja immer etwas zu reden. Wenn Johann von der schweren Arbeit nach Hause kam, hatte seine liebe Frau schon das Essen parat stehen, sodass er sich stärken konnte, während sie den kleinen Hansi in den Schlaf sang. Wenn der Kleine endlich fest schlief, schlich sie sich davon. Sie spülte für Johann das Geschirr, servierte ihm das gekühlte Bier und fragte jeden Abend: Liest Du lieber in der Zeitung oder möchtest Du fern sehen? Heute Abend läuft … und dann zählte sie die Medienhighlights auf, die einen Abend mit guter Unterhaltung garantieren sollten.

Gertrude blieb da schon weniger Entscheidungsspielraum. Sie musste sich allabendlich um die Wäsche kümmern, im Haus aufräumen, das Essen vorkochen, den Kontostand überwachen, die Rate für das Auto überweisen und die neuesten Versicherungsangebote überprüfen. Nebenbei kümmerte sie sich um ihre berufliche Karriere, aber erst, wenn alles andere erledigt war. Schließlich sollte der Berufseinstieg gut gelingen, sobald der Hansi den Kindergarten besuchen konnte. Daher hatte sie einen Fernlehrgang in Buchführung belegt, da konnte sie ganz flexibel, je nach

Schlaflänge von Hänschen, arbeiten und war gleichzeitig da, für Hansi und natürlich auch für Johann.

Gertrude wurde von ihren Freundinnen beneidet. Bei ihr lief wirklich alles wie am Schnürchen, was diese Frau alles in ein paar Jahren hingekriegt hatte...das Studium, den Job, den Mann, das Haus, das Kind, ihr Traumauto.

Johann war ja so ein verständnisvoller Mann. Wie viel Rücksicht er nahm! Immerzu war er um das Wohl Gertrudes bedacht, verzichtete auf eigene Wünsche und Bedürfnisse und erfüllte ihre Wünsche, noch bevor sie diese geäußert hatte. Er konnte verstehen, warum sie am späten Abend müde ins Bett fiel und schon schlief, bevor er ihr einen Gute-Nacht-Kuss hätte geben können. Er begehrte sie, wie am ersten Tag. Sie begehrte ihn auch, das sagte sie jedenfalls. Es blieb dafür aber immer weniger Zeit. Wenn er sich das so heimlich überlegte, dann fing das mit der Schwangerschaft an, - na das eben, Du weißt schon. Das lag wohl an der Hormonumstellung, dann haben Frauen eben nicht mehr so viel Lust auf Sex. Gegen Ende der Schwangerschaft hätte Sex sogar gefährlich werden können, schließlich hatte sie gelesen, dass so etwas frühzeitige Wehen auslösen kann. Nun, daran wollte Johann auf keinen Fall schuld sein, natürlich ging ihm das Wohl des Babies über sein eigenes Wohlbefinden. Dann kamen die Wochenbettblutungen, der Rückbildungsprozess und das viele Stillen neben der ganzen hormonellen Umstellung. Es ging weiter mit der Anstrengung der permanenten Beaufsichtigung des immer agiler werdenden Burschen. Nicht nur die Hausarbeit wurde immer mehr, hinzu kamen nun die zu erledigenden Taxisdienste für Hänschen, schließlich durfte es diesem ja an nichts fehlen. Das war nun einmal so: Wenn man Kinder in die Welt setzt, dann muss man doch auch bereit sein, die Erziehung zu leisten. Schließlich wollte Gertrude eine gute Mutter sein und das las sich für sie ganz unmittelbar am Gedeihen ihres Sohnes ab. Ein Einser in Mathematik, - dann war die Rechnung der Mutter aufgegangen, hatte sich doch all die Paukerei mit ihm gelohnt. Irgendwie war es ihr Einser: Sehr gute Mutter! Talentförderung in der Musikschule, - begabter Junge! Irgendwie war es so, als ob es ein Kompliment für ihr mütterliches Talent war, möglichst alles aus dem Jungen herauszuholen resp. hineinzustopfen.

Nicht nur Hansi wurde immer größer, auch die nicht kleiner werdende mütterliche Verantwortung stand für Gertrude auf dem öffentlichen Prüfstand. Wie heißt es so treffend: kleine Kinder - kleine Sorgen, große Kinder - große Sorgen.

Das alles konnte Johann ja wohl verstehen. Ihm ging es aber immer schlechter, obwohl doch alles so gut lief. Auch er war stolz auf seinen kleinen Sohn, der sich so prächtig zu entwickeln schien. Und er war seiner Gertrude dankbar, die sich doch so prächtig um alle Hänschenbelange kümmerte.

Es lief alles so gut, doch eines lief mittlerweile überhaupt nicht mehr: SEX!

Gertrude schien das nicht einmal zu fehlen?! Hansi brauchte sie so sehr. Diese Zeit kam schließlich nicht wieder, da durfte sie nichts versäumen. Zugegebenermaßen war das mitunter auch sehr belastend. Dafür hatte Johann natürlich auch Verständnis. Was in der Familie niemand verstand und auch niemand sehen wollte war, dass Gertrude ihren Hansi in gleichem Umfang brauchte. Sie ersparte sich, indem sie in ihrer Mutterfunktion völlig aufging, ganz unbemerkt ihr Sexualleben, auf das sie keine Lust hatte, warum auch immer. In ihrer Kindheit würde man aber gewiss findig werden, was die Ursache dafür anbelangte.

Johann suchte einen Ausweg mittels verlängerter Aufenthalte im Badezimmer. Es war ihm schon fast peinlich, dass ihm der Sex mit Gertrude fehlte. Ja, das konnte er nicht einfach so wegstecken. Aber schon der kleinste Annäherungsversuch an intime Körperteile wehrte Gertrude immer schroffer ab. Ja schon fast vorwurfsvoll verscheuchte sie mit einer klassischen Handbewegung seine zärtlichen Hände, so als ob sie eine lästige Fliege verscheuchen wollte. Lästig wollte Johann natürlich nicht sein für seine Frau. Mit Blumen- oder Schmuckgeschenken konnte er ein dankendes Lächeln ernten: maah, wie liab! ... doch nie wieder Mieder lösen! Sein „Braver-Ehemann-Zustand" raubte ihm zunehmend die Luft. Seiner Sexualität fühlte er sich schon lange beraubt, irgendwie war diese irgendwo auf der Strecke geblieben, bei allem Wohlwollen, bei aller „Liebe". Und wenn Johann ehrlich mit sich war, dann konnte er sich eingestehen, dass ihm das etwas ausmachte. Es machte ihm schon lange etwas aus. Er litt unter der Interessenlosigkeit und den Zurückweisungen seiner Frau, die doch sonst immer alles so perfekt für alle regelte. Johann wurde klar, dass es nicht nur sexuelles Desinteresse war. Gertrude schien sich auch ansonsten nicht sonderlich für Johann zu interessieren, jedenfalls fühlte sich dieser irgendwie komplett zurückgewiesen. Nicht nur seine sexuelle Potenz konnte er nicht mehr fühlen, sein ganzer Selbstwert schien zu schrumpfen. In solchen Momenten, in denen Johann sich nicht selbst belog, fühlte er sich unendlich klein. Sein Sohn wuchs heran, doch er fühlte sich immer kleiner. Manchmal sagte Gertrude sogar vorwurfsvoll: „Komm endlich mal in Deine Verantwortung, immer muss ich alles regeln und managen, könntest mir auch mal etwas Entlastung verschaffen. Steh´ endlich mal deinen Mann! Kommt mir oft so vor, als seiest Du mein ältester Sohn, - siehst gar nicht, wie gestresst ich bin…und dann muss ich Dir noch sagen, was Du anziehen sollst, damit ich mich nicht Deiner schämen muss." Ihre Vorwurfsliste wollte nicht enden. Während einer solchen Litanei schaltete er so gut es ging auf innere Abwesenheit. Darin war er geübt. Aber das war nur ein Versteck, das er sich als Kind schon gebaut hatte. Dorthin floh er als kleiner Bub schon immer, wenn er sich ängstlich und ohnmächtig fühlte, v. a. dann, wenn seine Mutter ihn beim onanieren erwischt hatte. Jedes Wort wäre ja ein Widerwort gewesen und brave Buben geben keine Widerworte. Auch heute würde ihm alles Reden nicht helfen. Ganz im Gegenteil, dann kam Gertrude erst richtig in Fahrt. Einfach Weggehen brachte auch nichts, sie lief ihm hinterher, bis alles gesagt war.

Wahrscheinlich lag es daran, dass Johann zu groß geworden war für sein Versteck. Er passte da nicht mehr so richtig hinein. Schutzlos, lieblos, kraftlos, anfällig und ohne jede Immun-Abwehr starb er an Prostatakrebs, der viele Metastasen in die Lunge gestreut hatte. Als er starb war sein Sohn bereits 8 Jahre, seine Frau mittlerweile wieder mitten im erfolgreichen Berufsleben. Auf der Todesanzeige stand geschrieben: Von uns ging heute Johann, mein treuer Ehemann, mein lieber Vater, hilfsbereiter Freund, geschätzter Kollege. Für all seine Hingabe, seine freundliche rücksichtsvolle Art, sein geduldiges ruhiges Wesen möge Gott ihn mit dem himmlischen Frieden belohnen.

Nun, Johann kam ganz optimistisch an der Himmelspforte an, hier wusste man gewiss seine Bescheidenheit zu schätzen und reich zu belohnen. Daran hatte er immer fest geglaubt, an den Lohn im Himmel. Leicht misstrauisch, warum wohl das Empfangskomitee noch nicht bereit stünde, klopfte er zögernd und verhalten an die Himmelstür. Nichts! Nun klopfte er lauter … das hier konnte ja wohl nicht wahr sein!

Nichts! Er wiederholte das laute Klopfen und rief nun auch mit dem Leichtsinn eines Verzweifelten, der nichts mehr zu verlieren hat: „Hey, ihr da! Macht hier gefälligst mal jemand auf!" Immer noch nichts. Und nun platzte ihm der wahre Johann aus den Schranken, spie auf seine Bravheit und brüllte: „Entweder ihr macht jetzt da sofort auf, lasst mich rein und gebt mir einen der besten Plätze oder aber ich mache Euch die Hölle heiß! Dann werdet ihr sehen, mit wem ihr es zu tun kriegt. Mein ganzes Leben lang habe ich getan, was andere von mir wollten, habe auf alles verzichtet, sogar auf das Schönste auf Erden, auf Sex, Sex und nochmals Sex. Jetzt bin ich dran, her mit dem ewigen Leben voller Frieden, Lust, Humor. Jetzt bin ich dran!" Und siehe da, es wart ihm aufgetan. Einige Gesichter kamen ihm bekannt vor. Da trat jemand an ihn heran und flüsterte: „Mann, Alter, da hast aber gerade noch die Kurve gekriegt. Wir haben schon Wetten abgeschlossen, dass Du es noch immer nicht kapierst, wie sich die Türen im Leben öffnen." Johann war zugleich überrascht und erregt. Drum fragte er etwas ungehalten: „Was meinst Du?" „Nun, das ganze Leben ist ein Abenteuerspiel, sozusagen eine interaktive Computersimulation mit einer verdammt guten Auflösung. Es geht bei diesem Spiel letztlich darum, bei allem, was so passiert, zu sich selbst zu stehen, nie an sich selbst zu zweifeln. Ihr habt euch da auf der Erde eine Menge einfallen lassen, um euch genau das zu verbieten. Du warst in diesem Drama gefangen, hast fest geglaubt, dass alle anderen besser wissen, was gut für Dich ist, selbst wenn alles in dir sich dagegen wehrte. Hast Dir halt selbst nicht getraut, hast Dich nie was getraut, sondern bist konform und faul im „Schlafwagen" sitzen geblieben, egal, wohin der auch führte. Wir dachten hier: Wann wird dem Johann der Kragen platzen? Was müssen wir ihm denn noch alles in den Weg stellen, damit er *seinen* Weg geht? Du hattest das ganze Spiel einfach nicht kapiert, hast nicht verstanden, dass Du Regisseur und Hauptdarstellen in Deinem Film bist, sondern fandest es bequemer, Dich als Statist gebrauchen zu lassen. Du hast Dich zu tiefst schuldig gemacht!

Schuldig, DEIN Leben nicht gelebt zu haben!

Schuldig, keine Deiner Karten ausgespielt zu haben, die wir Dir mitgegeben hatten.

Schuldig, durch Deine gelebte Kleinheit, durch Deine Opferhaltung, all die anderen zum Täter gemacht zu haben!

Schuldig, insbesondere Deine Frau nicht bewegt zu haben. Du hast sie nie an persönliche Grenzen gebracht, über die sie hätte hinaus wachsen können, sondern Du hast dafür gesorgt, dass auch sie im Irrtum gefangen blieb und sich selbst belog.

Und dann wurde Euer Leben zum Strategiespiel. Das Leben nach Plan hat Euch die Illusion von Sicherheit beschert, die Sicherheit eines Käfigs. Angstfrei und lebensmüde verlort

Ihr jedes Gefühl und damit immer mehr die Chance, Euch selbst wahrzunehmen. Das haben wir uns hier ganz anders gedacht. Der Sinn des Spiels besteht im Spielen, im Spielen mit mir, dem Leben. Dabei erreicht derjenige den nächsten Level, der mutig seinem Herzen folgt gegen jede Feigheit, Konformität oder Faulheit. Demjenigen, der zu sich selbst steht, zu all seinen Ecken und Kanten, demjenigen kommt jede Herausforderung recht. Der sich selbst liebt und im Spiel etwas riskiert, der bewegt und liebt alle und alles. Das Universum will amüsiert werden! Nun, und wir haben uns schließlich köstlich amüsieren können, als Du endlich aus Deinem Versteck ausgebrochen bist. Endlich warst Du Dir etwas wert! Als Du polternd vor der Türe standest, da haben nicht wir die Tür geöffnet, es war Deine erwachte Lebenskraft aus dem naturwüchsigen Gespür heraus, dass alle und somit auch Du das Recht und die Pflicht haben, ganz ehrlich zu tun, was sie wollen. Und wenn das alle täten, dann hättet Ihr den ´Himmel´ bereits auf Erden.“

Johann drehte sich um, sah aber nur ins Leere, dann schaute er nach vorne und staunte: “Ich habe zwar nichts verstanden, aber es fühlt sich richtig, richtig gut an.“

Währenddessen stellte Gertrude ein Foto von Johann auf ihr Nachtkastl, direkt neben das Foto vom Hansi. Wie gut, dass dieser ihr geblieben war. Johann war ja ein ‚ganz a lieber Kerl‘ gewesen, aber irgendwie hatte er keinen Biss gehabt. Immerzu hatte sie alles für ihn regeln müssen. Hätte sie sich auf ihn verlassen, dann würde sie nun ganz schön dumm da stehen. So aber war sie es gewöhnt, sich um alles alleine zu kümmern und außerdem war auf den Hansi Verlass. Dafür hatte sie gesorgt. Wie oft hatte sie ihm erklärt wie wichtig es sei, sich vielseitige Kompetenzen anzueignen. Ohne Ehrgeiz wäre er nur eine Inklinationsfigur, die lediglich ja-hauchend als Spielball der anderen gebraucht würde. Leisetreter kämen halt nirgendwo hin. Und das brauchte er ihr nicht zu glauben, das konnte er sich ja am Lebenslauf seines Vaters klar machen. Dieser hatte alles mit sich machen lassen. Seine Hilfsbereitschaft war ausgenutzt worden und selbst dann, wenn er das hie und da gemerkt hatte, war er nicht Mann genug gewesen, sich abzugrenzen. So konnte es doch offensichtlich nicht gehen! Wie sehr hatte Gertrude sich einen Mann gewünscht, zu dem sie hätte aufschauen können, jemand, der auch von anderen bewundert und geschätzt würde. Zu gerne hätte sie sich dann fallen gelassen in seine starken Arme. So jemanden hätte sie dann auch sexuell begehrt. Stattdessen trug sie die ganze Last und oben drauf auch noch Johann. „Also Hansi", erklärte sie ihm oft „so geht es ja wohl nicht! Siehe zu, dass Du Deine Größe lebst". Und weil das so wichtig für Gertrude war und eine gute Mutter ihrem Kind ein großes Leben wünscht, war sie immer sehr aufmerksam, wenn es um Hansis Entwicklung ging. Gerade diese Entwicklung ihres Kindes durfte sie keineswegs dem Zufall überlassen: Neue Männer brauchte das Land! Bisher war ihr das ganz gut gelungen. In der Volksschule war ihr Hansi der Liebling der Lehrerin und im Krippenspiel stets der Josef. Lauter Einser brachte er ihr nach Hause, die Deutschaufsätze flossen scheinbar ganz leicht aus seiner Feder und auch in den anderen Gegenständen hinterließ seine Begabung deutliche Spuren. Dass dieser Bube für das beste Gymnasium prädestiniert war, lag auf der Hand.

Dann kamen die schwierigen Jahre, in denen so mancher geradlinige Mensch, durch den Einfluss von schlechten Menschen und den Hormoneinschuss, auf die schiefe Bahn gerät. Das wusste Gertrude, und deshalb verschärfte sie – freilich nur zu seinem Besten – ihr Observationsprogramm. Ein Kind braucht halt gerade in dieser diffusen Zeit klare Grenzen. So meldete sie Hansi beim Sportverein an, da war fast jedes Wochenende etwas los. Und neben den wöchentlichen Klavierstunden gab es auf dem Gymnasium mit verschränkter Ganztagspaukerei immer mehr zu tun. Ein bisschen fahl sah er schon öfter aus. Am Abend ging er halt meist nicht mehr vor das Haus, sondern verbrachte den Rest seines Tages vor dem PC. Auf dem kannte er sich sehr gut aus und das war ja heutzutage auch unerlässlich.

Die Mädchen fand er nur blöde, dumm und shoppingsüchtig. Hansi war ganz gerne so ausgebucht, schließlich war er überall ziemlich erfolgreich. Wenn er so beschäftigt war, kam er nicht auf „dumme" Gedanken, die ihn mürbe machten. Er dachte oft an seinen Vater und bemerkte zunehmend, dass seine Mutter ihn immer dann genauso behandelte, wenn er mal einen „Durchhänger" hatte. Mutter wurde dann schon leicht panisch, - nervös und angespannt war sie eh immer. Klar, konnte er einerseits ihre Sorgen verstehen, andererseits schien sie ihm nicht wirklich etwas zuzutrauen, wenn er nicht permanent sein Können unter Beweis stellte. Nie durfte er sich einen „Fehler" erlauben, Sexfilme konnte er sich nur ganz heimlich anschauen. Irgendwie war er auf einem Thron gelandet ohne Regierungskompetenz. Immer mehr beschlich ihn das Gefühl, dass er sein Leben ausschließlich nach den Vorstellungen seiner Mutter führte. An diesen Vorstellungen fand er, wenn er darüber nachdachte, im Grunde gar nichts falsch, dennoch fühlte sich sein Leben zunehmend verkehrter an. Er vermisste seinen Vater. Bei ihm hatte er nicht das Gefühl gehabt, sich besonders anstrengen zu müssen, um geliebt zu werden. Er war in seiner ruhigen Art deutlich emotionaler gewesen. Oft war es nur die Art, wie sein Papa ihn angeschaut hatte, ihm zuzwinkerte, wenn Mutter wieder einmal mit ihm schimpfte. Er liebte seine Mutter, die immer sein Bestes wollte und er hasste sie, - warum? Das wusste er nicht wirklich. Ihm verging die Lust am Leben, an diesem Leben nach ihrem Plan, doch was hätte er dagegen tun können? In ihm stieg eine unbändige Angst auf, wenn er sich nur vorstellte, dass er einfach aussteigen könnte, aussteigen aus all den Zwängen, die ihn ja zugleich so verlässlich hielten.

Gertrude fragte ihn immer wieder, was denn los sei, ständig redete sie auf ihn ein, nur zu ihm durchdringen konnte sie nicht wirklich. Als er maturierte ließ sie sich feiern und mit der Aufnahme des Theologiestudiums schien sich ihr Lebenswerk zu vollenden. Ja, aus ihrem Buben war etwas geworden, die Mühe hatte sich gelohnt.

Im Vergleich zu ihrer Freundin Theresia hatte sie es wirklich gut getroffen. Ihr Ehemann betrog sie seit vielen Jahren, ihre Tochter hatte jede Woche einen neuen Freund. Noch schlimmer erging es ihrer Arbeitskollegin Margreth. Sie bekam schon Ärger mit ihrem Mann, wenn sie eine Falte in sein Hemd gebügelt hatte. Ihre drei Kinder sahen in ihr nur eine Dienstmagd und ihr mühsam verdientes Geld ging für die monatlichen Fixkosten drauf.

Also entschied Gertrude sich für ihre persönliche Weiterentwicklung. Sie besuchte verschiedenste Seminare auf der Suche nach Erfüllung. Sinn und Glück versprachen Bachblüten, Öle, Familienstellen, schamanisches Heilen, Reinkarnationstherapie, Yoga, Astrologie, Coachings und Mentoring aller Art. Schließlich war Gertrude so gescheit, dass sie auch anderen Menschen unbedingt behilflich sein wollte, glücklich zu leben. Ein paar Abendkurse mit Zertifikaten und Diplomen beurkundeten ihre diesbezügliche Kompetenz.

So hatte sie keine Zeit mehr, ihr Leben zu leben, weil sie ja ständig dabei war, sich das zu erarbeiten, was ihr noch fehlte. Freud- und Lustlosigkeit wollten sich, in nicht ausreichend gut organisierten Stunden, immer wieder einschleichen, da half auch positives Denken nicht über alle Tränen hinweg. Gertrude müsste nur weiter ihre spirituell esoterischen Ziele verfolgen, damit sie zu den Dauerlächlern gehörte, die immerzu in der Freude sind. Das „Erwachen" würde nicht mehr lange auf sich warten lassen. Sie arbeitete so hart an sich, hatte schon so viel aufgelöst und Bücherregale gefüllt mit Lebensberatern. Sie wusste nun so viel mehr als die anderen, die halt noch nicht so weit waren. Seit neuestem richtete sie ihr Augenmerk auf das Umpolen „sexueller Niedrigenergien" in „spirituelle Hochenergien". Vielleicht könnte sie schon bald in andere Sphären eindringen, hellhören, Auren sehen, geistige Präsenzen wahrnehmen und durch Geistheilung den anderen Menschen auf die Sprünge helfen.

Auch Hansi hatte einiges damit zu tun, seinen Frust weg zu organisieren. Vor allem die Einsamkeit quälte ihn. In diesen dunklen stillen Augenblicken, die sich unendlich aneinander zu reihen schienen, spürte er Sehnsucht. Sehnsucht, die ihn wie ein Schatten überkam. Dieser Schatten hüllte ihn ein und vernebelte seinen Verstand. Dann hasste er seine Mutter, warum auch immer und fühlte sich von seinem Vater an sie verkauft. Wie es wohl wäre, einfach ihren Vorstellungen zu entfliehen? Mit einer Frau, die ihn wirklich liebte, mit der er sein durfte, was er gerade wollte. Mit einer Frau, die ihm nie das Gefühl geben würde versagen zu können, die jede Unzulänglichkeit verzeihen würde und, ja tatsächlich, die ihn sexuell endlos begehrte, ihn verführte, berührte, sich ihm öffnete. Eine Frau, die ihn in sich aufnahm, die er erregt und immer erregter stoßen würde, bis ihr Schreien sich mit der Stille verschmelzte, in der er sich nicht mehr wahrnahm. Es war der Schrei der Befreiung, der Vergeltung, der trotzigen Überwindung, der sündigen Überlegenheit des edlen Helden.

Wie konnte er diese Sehnsucht begraben? Sie war eindeutig der Stachel seiner Qualen. Er hasste seinen Verstand, der auf diese Frage nur ausflüchtige Vorschläge parat hatte. Es waren die Ideen eines Feiglings, die sein Kopf ihm raffiniert schmackhaft machen wollte, das spürte er genau. Oder war es die Stimme der göttlichen Weisheit, die ihn von schlimmen Abgründen fernhielt? Himmel und Hölle! Damit musste Schluss sein! Das war ja nicht auszuhalten! Und wenn er wieder weit weg von sich war, fühlte er sich gar nicht so verkehrt, alles war viel vertrauter. Er beruhigte sich. Es war die Beruhigung die eintritt, wenn die Angst umzingelt schweigt. So ein cleverer Held, - hatte er sich doch bislang jede Schlacht erspart.

Er würde Theologie studieren, katholischer Priester werden. Dem sexbesessenen Teufel endgültig zölibatär abschwören. Die Menschen würden ihn anhimmeln als Bote

Gottes. Mächtig und prächtig könnte er Sündern vergeben und sich selbst am meisten jeden Tag einreden, dass nur die Toten das ewige Leben erlangen.

Vielleicht studierte er aber auch Jura. Niemand würde anzweifeln, dass er Recht spricht. Potenz durch den Richterstuhl auf dem er ganz autonom säße. In dieser Vorstellung wären dann auch eine Frau und evtl. Kinder möglich, denn nichts und niemand könnte ihm seine Macht entziehen.

Doch es kam anders. Maria tauchte wie ein heller Stern an seinem Himmel auf. Sie war so makellos schön, intelligent. Klar wie eine Winterlandschaft, erfrischend wie der Frühling, zärtlich wie eine Sommerbrise, reif und edel, wie die letzten Trauben des Herbstes. Sie hatte ihn mitgerissen wie ein Sturm, war einfach in seinem Leben aufgetaucht. Er verließ seine Einsamkeit und das Studentenwohnheim und folgte ihrem Sog. Ihr Häuschen am Stadtrand bot ihm eine Geborgenheit, nach der er sich schon lange gesehnt hatte. Das Leben war plötzlich ein reich gedeckter Tisch, er brauchte zur zuzugreifen. Gertrude mochte Maria nicht. Sie sagte: Die ist zu alt für Dich. Hansi spürte so etwas wie Eifersucht, die seine Mutter in ein Fürsorgepaket einhüllte, wollte diese doch - wie immer - nur sein Bestes. Das kriegte aber Maria, die sich von den Zurückweisungen ihrer Schwiegermutter nicht einschüchtern lies. Diese Frau konnte anscheinend nichts verunsichern. Maria wusste, was sie wollte und sie wollte Hansi. Hansi, der bereit war, alles für sie zu tun, ihr jeden Wunsch erfüllte voller Treue und Hingabe. Und Hansi wollte Maria. Unter ihrem Schutz und Schirm fühlte er sich angenommen und wertvoll, bedingungslos geliebt. Und auch beim Sex gab es nun keine Verbote mehr. Hansi fühlte seine Manneskraft, um die ihn seine Mutter bis dahin irgendwie betrogen hatte und die er bei seinem Vater nie erleben konnte. Damit war Gertrude aus dem Rennen. Sie würde gut daran tun, Maria in ihr Herz zu schließen. Anderenfalls verlöre sie Hansi komplett aus ihrem Leben.

Hansi und Maria folgten also ihrer starken Sehnsucht, die sie für Liebe hielten. Sie trauten einander: Maria war die Frau, der Hansi blind folgen würde, bis ans Ende seiner Zeit, auf ihre Liebe konnte er sich verlassen. Hansi war der Mann, der Maria niemals verletzten würde, sie in keiner ihrer Entscheidungen in Frage stellen und sie immer tun lassen würde, was sie wollte. Wenn das keine Liebe war?! Deshalb beschlossen sie zu heiraten! Schließlich sollte es jeder erfahren, - Maria und Hansi, das war wie Pech und Schwefel! Daran sollte sich nie etwas ändern, alles könnte vergehen, aber ihr Bündnis würde alles überstehen, unverändert, - Liebe währt eben ewig.

Und so segnete der Himmel diese Liebe. Maria wurde schwanger, gerade als Hansi sein Studium der Theologie und Altsprachen erfolgreich abgeschlossen hatte und seine Karriere zum Oberstudienrat antrat. Darauf war Maria, die seit vielen Jahren Psychologie, Pädagogik und Deutsch in der Oberstufe eines renommierten Gymnasiums unterrichtete, sehr stolz. Stolz war sie natürlich auch darauf, Mutter zu werden. Und stolz war auch Hansi auf seine Vaterschaft. Er nahm Maria jede Last ab und gestaltete ihr die Zeit der Schwangerschaft so angenehm, wie es eben möglich war. Was er nicht alles aus Liebe für sie tat! Marias Kolleginnen und Bekannte beneideten sie um ihr Leben, das bilderbuchmäßig zu verlaufen schien. Was könnte man wohl mehr vom Leben erwarten?

Wenn das Kind geboren war, dann wollte Maria zwei Jahre in Karenz gehen, das dritte Erziehungsjahr würde Hansi übernehmen, der sich fest vorgenommen hatte, ein Vater zu sein, der wirklich für sein Kind präsent ist, wusste er ja noch zu genau, was ihn an seinem Vater gestört hatte. Dieser hatte ihn letztlich im Stich gelassen. Hansi würde das nie tun. Sein Vater hatte alles der Mutter überlassen, die deshalb so ein schweres Leben hatte und sich ständig überlastet fühlte. Auch das würde Hansi nie tun. Hansi und Maria würden jede Last teilen, jedes Leid und natürlich auch alle Freuden.

Dass eine Schwangerschaft mit Mitte 30 des besonderen Schutzes bedurfte war evident. Medizinisch klassifizierte die Ärzteschaft Marias Zustand als „Risikoschwangerschaft", da galt es, das Überwachungsprogramm zu intensivieren, ein Mehr an Untersuchungen durchzuführen und für Maria, besonders vorsichtig zu sein. Nun, das brauchte niemand dem Hansi zu erklären, der für seine Frau und das Ungeborene natürlich jedes Risiko vermeiden wollte. Sein Beschützerinstinkt war voll aktiviert. Niemand würde Maria in irgendeiner Form zu nahe treten, der bekäme es mit ihm zu tun. Hansi lief im „Schonungs-Modus": „Lass nur Maria, das mache ich schon. … Meiner Mutter sage ich ab, das könnte Dich zu sehr aufregen. …. Leg dich lieber hin, den Haushalt erledige ich, nachdem ich Deine Beine massiert habe."

Diese Massagen waren für Maria äußerst entspannend, nachdem sie einmal geklärt hatte, wo ihre Beine aufhörten … und damit wollte sie eine Fußmassage keinesfalls ausschließen. War ja irgendwie verständlich. Geschlechtsverkehr konnte frühzeitige Wehen auslösen, das durfte natürlich nicht passieren. Vermutlich verlief deshalb während der Schwangerschaft ein Hormonschutzprogramm für das Kind. Um es kurz zu sagen: Während der Schwangerschaft verschwindet das sexuelle Interesse der Frau zum Wohle des Kindes. Das hatte für Hansi eine Logik und schließlich war er ja nicht „schwanzgesteuert"! Das Wohl seiner Frau und seines Kindes waren für ihn das Wichtigste.

Und schließlich hatte sich seine Zurückhaltung bewährt. Maria hatte eine sanfte Geburt. Sie brachte ein gesundes Mädchen zur Welt, dem sie den Namen Angela gab. Mit Angela war ihr Glück besiegelt und die Familienplanung abgeschlossen, obwohl Hansi sich schon auch noch eine kleine Johanna hätte vorstellen können.

Die ersten Wochenbettwochen waren natürlich auch anstrengend. Eine erneute Hormonumstellung brachte Maria ordentlich ins Schwitzen und auch die Kleine schlief unrhythmisch. Maria hatte nur eine Chance auf Ruhe, wenn sie sich dem Rhythmus von Angela bedingungslos anpasste. Diese naturwüchsige Symbiose zwischen Mutter und Kind lebte sich einfacher, wenn die Nähe der beiden auch des Nachts nicht unterbrochen war. Wohlig in der Mitte des Ehebettes platziert wurde den Bedürfnissen von Mutter und Kind Genüge getan. Der Abstand von Maria und Hansi wurde zur notwendigen Familienpraxis. Dafür hatte Hansi großes Verständnis, sollte es den Damen des Hauses ja an nichts fehlen. Ihm fehlte allerdings mittlerweile einiges. Es war nun schon über ein Jahr her, dass Maria ihn begehrt hatte. Aber seine Zeit würde wieder kommen, und was man nicht alles aus Liebe aushält, - ja wahre Liebe konnte auch ungelebte Sexualität nicht schmälern.

Eine große Veränderung war Marias beruflicher Wiedereinstieg und Hansis berufliche Zwangspause, als Angela zwei Jahre alt wurde. Die Kleine hatte sich so prächtig entwickelt, das sollte so weiter gehen. Hansi war ein guter Vater, einfallsreich und unermüdlich im Umgang mit seiner Tochter. Auch den Haushalt managte er ganz gut, doch hie und da blieb auch schon einmal etwas liegen. Wenn Maria erschöpft von der Arbeit kam, dann sah sie nicht das liebevoll gerichtete Abendessen und die kreativen Kritzelzeichnungen ihrer Tochter, sie sah den Dreck auf dem ungesaugten Teppich, den Staub auf dem Fernseher, die ungereinigten Malpinsel. So ging das alles für sie überhaupt nicht. Die Szenen, die hier der näheren Ausführung nicht bedürfen, wurden immer häufiger, länger, dramatischer. Auch frische Rosen auf dem Nachtkastl stimmten sie nicht sanft, ganz im Gegenteil: Eine solche Geldverschwendung könnten sie sich augenblicklich nicht leisten. Annäherungsversuche tat sie unmissverständlich als zusätzliche Anforderung an sie ab.

Maria ging es auf der Arbeit sehr gut, hier brachte sie etwas voran. Daheim war sie gereizt. Ihr Unfrieden wuchs mit jedem Meter, den sie nach Hause fuhr und erreichte den Pegel unbremsbarer Gereiztheit an der Haustüre. Sie konnte dieses Papi-Tochter-Gehabe einfach nicht mehr ertragen, warum auch immer. Hansi mit Buggy, mit Küchenschürze oder Staubsauger und doch so zuverlässig nachlässig, dass für Maria immer noch eine Menge zu tun blieb. Und sein weiches helles Stimmchen, wenn er mit Angela herum busselte und –alberte, - er benahm sich selbst wie ein kleines Kind, das die Mutter fürchtet, wenn sie nach Hause kommt. Sein unsicherer Blick reichte schon aus, um Maria zum Kochen zu bringen, - eine andere Erregung schien sowieso in immer weitere Ferne gerückt.

Maria sah in ihm nur mehr den großen Buben, ihr ältestes Kind. Aber das würde sich wohl wieder ändern, käme Angela in den Kindergarten und Hansi wieder in die Schule.

Aber die Richtung, die ihr Leben eingeschlagen hatte, änderte sich nicht. Hansi verstand sich weiterhin blendend mit Angela, die sich sehr freute, wenn sie ihren Papi für sich hatte. Beide litten gleichermaßen unter Marias Nörgeleien. Gemeinsames Leid verbindet und verbündet. Litt Hansi wirklich noch unter seiner ungelebten Männlichkeit? Kaum, - diese hatte er vor vielen Jahren zu Grabe getragen. Und außerdem hatte er ja Angela. Doch diese wurde älter und schwieriger für ihn. Mit ihrer Pubertät war für Hansi alles dahin. Es gab immer weniger, worauf er hoffen konnte. Die süßen Stunden mit Angela gehörten der Vergangenheit an, heute gab sie ihm nur Saures. Und seitdem sie sich innerhalb des Feldenkraisseminars in ihren viel zu alten Psychologieprofessor verknallt hatte, war sie geradezu unerreichbar.

Ach Hansi, Du warst noch niemals in New York, Du warst noch niemals auf Hawaii, gingst nie durch San Franzisco in zerriss´nen Jeans. Wie wär´s: Noch einmal voll von Träumen sein, Dich aus der Enge hier befreien, hast Du mal über Deinen Aufbruch nachgedacht?

„Ja, aber das ist ja verrückt. Im Grunde fehlt es mir an gar nichts. Was sollte ich da? Was hätte ich von einmal Verrücktsein, außer eine Menge Ärger? Dafür hätte Maria nie Verständnis, jedenfalls nicht, bevor das Haus abbezahlt ist. Ich bräuchte dann nicht mehr zurückzukommen und würde somit alles, woran ich geglaubt habe, wegen einer solchen spätpubertären Fickertour wegwerfen. Meine Position in der Schule, - hast du eine Ahnung wie viele Supervisions-stunden und außerschulisches Coaching mich die gekostet hat, bis ich mir den notwendigen Respekt verschaffen konnte? Jetzt genieße ich dort Ansehen und Macht, was ich sage zählt, und zu vielen Schülerinnen und einigen Schülern habe ich ein gutes Verhältnis.

Maria ist im Grunde eine sehr gute und liebe Frau. Sie hat halt früher vieles mitgemacht, fühlte sich späterhin schnell überfordert, aber hat sich stets verlässlich bemüht, alles im Griff zu behalten. Jetzt, da Angela aus dem Haus ist, wer-den wir endlich was für uns haben."

Ach so. Du bist ein schlechter Lügner. Daran glaubst du doch schon lange nicht mehr. Du traust Dir ein freies Leben nur nicht zu, ein Leben, das Du selbst verantworten müss-test. Darin besteht Deine Komfortzone. Du würdest das natürlich anders ausdrücken: Ich will nichts falsch machen, keine Schuld auf mich laden, so wenig Schaden wie möglich anrichten.

„Oh nein, ich würde das so ausdrücken: Ich bin doch kein Egoist, sondern ein Mensch, der sich eben nicht aus der

Verantwortung schleicht, wenn es mal schwieriger wird, nicht in guten und nicht in schlechten Zeiten."

Was hast Du eigentlich mit Deinen sexuellen Wünschen gemacht?

„Man muss sich eben entscheiden und verzichten lernen, alles kann man nicht haben. Aber ich komme zurecht."

Ach so. Na dann hoffe ich für Dich, dass Dich mal eine „Eva" verführt, könnte Dir ja passieren.

„Deine ironische Art missfällt mir, hast einen seltsamen Humor. So manche attraktive Schönheit aus der Oberstufe hat versucht, mir den Verstand zu rauben. Es ist ihr nicht gelungen."

Wenn Dein Vater noch lebte, würde er Dir sagen: „Lauf´ mein Junge, lauf um Dein Leben."

„Was soll das jetzt? Lass´ meinen Vater aus dem Spiel. Der hat sich feige davon geschlichen."

Ob das so feige war … vielleicht wollte er sich nur nicht lebendig begraben lassen und fand keinen anderen Weg aus der Enge. Bist Du Dir sicher, dass Du am Ende Deines Lebens nichts bereuen wirst?

„Das ist eine komische Frage. Ich wüsste nicht, an welcher Stelle meines Lebens ich eine andere Wahl gehabt hätte als die, die ich getroffen habe. Mein Leben kann nicht so falsch sein. Ich habe genug Geld, meine Existenz ist gesichert, ich lebe nicht auf Kosten anderer. Ich bin ein treuer Ehemann und habe eine treue Frau. Auch als Vater habe ich mein Bestes gegeben. Als Kollege bin ich sehr geschätzt, denn bei mir zählen im Unterricht auch noch die guten alten Werte. Ich traue mich, für die Jugendlichen ein Vorbild zu sein, damit sie gradlinig durchs Leben kommen, bei all den Verwirrungen dieser Zeit. Wenn alle Menschen so täten wie ich, dann hätten wir eine funktionierende Gesellschaft. Die Maxime meines Handeln kann jederzeit allgemeingültiges Gesetz werden."

Da wäre ich mir nicht so sicher. Schließlich tun doch die meisten Menschen so wie Du. Wie erklärst Du Dir, dass so viele Menschen an Burnout leiden, die Psychiatrien voll sind, Alkoholmissbrauch nicht in den Griff zu kriegen ist, Herzinfarkte und Kreislauferkrankungen immer noch die Haupttodesursache sind, die Suizidrate steigt, ebenso wie die Arbeitslosigkeit, die Geburtenrate fällt? Die großen Systeme wie Wirtschaft, Politik, Kirchen sprechen von Zusammenbruch und dringender Erneuerung. Jede zweite Ehe wird geschieden.

„Du wirfst ja alles in einen Topf, mischst ordentlich durch und willst die Eckpfeiler der Gesellschaft für alle Schwierigkeiten zur Verantwortung ziehen, gerade diejenigen, denen Du für die vorhandene Stabilität und Sicherheit danken solltest. Stattdessen schießt Du vermutlich eifersüchtig von verlorenem Posten mit Deiner letzten Munition."

Ich sehe Deine Sorgen und Ängste und ich sehe einen Mann, der vom Kopf abwärts aufgehört hat zu leben.

Was sagst Du eigentlich zum Verlauf Deines Lebens, Maria?

„Was so verheißungsvoll begonnen, sich so richtig ange-fühlt hat, entpuppt sich immer mehr als Irrtum. Aber ich weiß nicht warum. Ich bin oft des Lebens so müde, kein Wunder, ich habe unerschöpflich an unserem Glück gear-beitet, neben all der anderen Arbeit, die das Leben so mit sich bringt. Hansi scheint ja ganz zufrieden zu sein, aber ich habe mir die Ankunft am Ziel anders vorgestellt. Sicher, wir haben viel erreicht, und doch habe ich das Gefühl, dass ich auf der Strecke geblieben bin. Unsere Ehe ist lautlos, klang-los, spurlos, aber sie funktioniert. Sie ist ein Hafen, der Si-cherheit bietet. Da kann ich mich fallen und gehen lassen, da brauche ich um nichts zu kämpfen, nicht auf der Hut zu sein, mich vor nichts zu fürchten, mich nicht zu wehren. Das brauche ich so. Ich bin wirklich froh, dass mir der Hansi keinen Stress macht. Er würde nie fremd gehen oder das Geld in die Kneipe tragen. Er verbringt seine gesamte Frei-zeit mit mir, anstatt sich mit irgendwelchen halbherzigen Freunden eine Gaudi zu machen. Nein, er lässt mich nie alleine. Weil alles so gut passt verstehe ich auch nicht, warum ich oft so lustlos und unzufrieden bin, habe ich doch alles, was ich brauche."

Was war Deine schönste Zeit im Leben?

„Hmm,… das ist lange her. Ich war 16 Jahre alt, befreite mich protestierend gegen die biederen Einstellungen meiner Eltern und beging so manche Sünde meist mit den Männern, vor denen meine Eltern mich gewarnt hatten. Es war wie das Enttarnen eines Lügengebäudes, denn ich konnte tun und machen was ich wollte, alles fühlte sich abenteuerlich, frei und offen an und hatte nicht das Geringste von einem Höllenfeuer, an dem ich mich verbrennen sollte. Ganz im Gegenteil! Das war die Zeit voller Träumereien und Ungewissheiten."

Was ist dann passiert?

„Irgendwann sehnte ich mich nach Liebe, nach tiefer Liebe! Nach jemandem, der mich glücklich machen wollte und dem ich ebenfalls immerzu ein Geschenk wäre. Was sich bis dahin lustig und frei angefühlt hatte, wurde zur traurigen Unabhängigkeit, in der ich sehr alleine war. Und dann traf ich den Hansi! Alle meine Wünsche erfüllte er, ganz selbstlos. Er gab mir das Gefühl, der wichtigste und schönste Mensch auf der Welt zu sein, und dass er nichts anderes als mich zum Glück bräuchte."

Wie ging es dann weiter?

„Nun, die Geschichte kennst Du doch vom Hansi. Ich wollte so gerne ein Kind und ich finde es auch heute noch das Schönste, was mir je passiert ist. Ich tat, was zu tun war und ich tat es auch gerne. Mutter zu sein erfüllte mich als Frau ganz unbeschreiblich. Und so nahe, wie sich eine Mutter ihrem Kind fühlt, so eng verbandelt, ein Herz und eine Seele, - dafür bin ich heute noch dankbar. ….. Irgendwann, nein, es war, als ich wieder in meinen Beruf einstieg und Hansi daheim blieb, um die Erziehung zu übernehmen, da lief etwas komisch. Ich war ja froh, dass Hansi sich so reinkniete in seine neue Aufgabe als Vater. Bitte verzeih´ mir Hansi, aber auch hier und jetzt muss ich es einfach mal sagen: Irgendwie hast Du Dich als die bessere Mutti präsentiert. Klar, Du machtest ja auch jeden Unfug mit und lachtest an den Stellen, die eine klare Grenze erfordert hätten. Ich war abends eure Spielverderberin und ihr hattet hinter vorgehaltener Hand euch das Lachen verbissen. Ihr wart beste Freunde und ich stand im Abseits. Das änderte sich erst mit der Internatsunterbringung von Angela. Was sich nicht mehr änderte war der Abstand zwischen Hansi und mir.“

„Das verstehe ich auch nicht, nur ein liebes Zeichen, eine verführerische Geste und alles könnte anders sein.“

„Nein Hansi, für Dich vielleicht. In mir ist die Lust gebrochen, nicht aber meine Liebe für Dich!“

Ach Papperlapapp! Mir kommen gleich die Tränen. Liebe ist etwas ganz anderes! Ihr seid zu tiefst abhängig voneinander und das ist keine Wortklauberei, das ist eine Tatsache und je schneller Ihr das einseht, umso schneller könnt Ihr mit diesem Teufelskreisspiel aufhören, in dem es nur Verlierer gibt. Ihr dachtet, Ihr bräuchtet nur jemanden zu haben, der euch liebt, dann wäret Ihr glücklich. Dabei könnt Ihr Euch selbst nicht ausstehen. Diesen anderen habt Ihr dann jeweils bedient, damit ihr das bekommt, was Ihr braucht. Ein Verhandlungsspiel: Du gibst mir, ich gebe Dir! Ihr wollt einander haben, besitzen und auf Eure Gaben verpflichten, damit Euch nichts fehlt. In diesem Spiel sollte es keinerlei Funktionsstörungen geben, die bei dem einen zum Mangelgefühl, bei dem anderen zur Übervorteilung führten. Das wäre ein Ungleichgewicht, das den Kampf um neue Verhandlungen erzwingen würde. Ihr merkt schon, bei diesem Spiel „gewinnt" zunächst derjenige, der am trickreichsten verhandeln kann. Dabei werden die Eheleute mindestens unterschwellig zu Konkurrenten und jeder bleibt letztlich alleine. Und mit den Jahren werden die Bedürfnisse immer größer, weil tief im Inneren eine Unzufriedenheit wächst, die es zu kompensieren gilt. Die Autos müssen luxuriöser, die Möbel erneuert, die Außenanlagen des Hauses architektonisch verfeinert, das Urlaubsland immer exklusiver, der Ehepartner devoter und deutlich attraktiver werden. Und das Spiel hört erst auf, wenn einem die Luft ausgeht.

Und das tut sie. Dieser Kampf des Lebens wird ständig härter, frustrierender und zermürbender.

Das Leben wollte nie, dass Ihr einander braucht, jedenfalls nicht dauerhaft. Ein Baby braucht seine Mutter immer weniger mit jedem naturwüchsigen Schritt in die Selbständigkeit. Es will gar nicht mehr dauernd getragen werden, sobald es krabbeln kann. Nur durch die eigene Fortbewegung kann die eigene Entdeckungsreise losgehen. Sowohl für Mutter als auch für das Kleinkind ist das sehr entlastend und befreiend. Zunächst wird die Mutter sehr aufmerksam die ersten Verselbständigungsschritte beobachten und auch das Kind wird sich intuitiv in einem bestimmten Radius der Mutter aufhalten. Zugegeben, bei einigen Müttern und Kindern ändert sich der Radius nie. Manche Mütter halten ihr Leben lang fest und bringen so ihre Kinder um die Erfahrung der eigenen Balance. Sie beobachten aufmerksam jeden Schritt, um jederzeit korrigierend eingreifen zu können. Schließlich ist die Welt voller Gefahren. Sie halten es für verantwortungslos, ihr Kind diesen einfach auszusetzen, gerade weil sie genau wissen, was so alles passieren kann.

„Wenn ich dazu mal etwas sagen dürfte?"

Aber sicher Gertrude, nur zu!

„Ich wusste genau, dass die Ehe von Hansi und Maria diesen dramatischen Verlauf nehmen würde. Maria geht es nur um Macht, alles muss immer so laufen, wie sie es braucht. Wie oft habe ich versucht meinem Hansi die Augen zu öffnen, aber da war es schon zu spät. Sie hatte ihn bereits in ihren Bann gezogen. Mein Hansi sollte ein selbstbewusster Mann werden. In der Schule ist er das auch. Aber daheim bleibt nichts von seiner Größe. Hätte ich nicht den Anfang dieser Beziehung verhindern müssen? Ist es nicht irgendwie pervers im entscheidenden Moment aufzugeben und beleidigt zu sagen: „Ist mir jetzt auch Wurscht, soll er eben mit ihr tun, wenn er meint. Irgendwann steht er dann wieder vor mir" …. Nun ist es soweit und es ist mir nicht einmal eine Genugtuung, im Gegenteil. Ich hätte weniger Selbstfindungsseminare besuchen sollen, nicht so egoistisch um mich besorgt sein dürfen, dann hätte ich ihm diese harte enttäuschende Lektion ersparen können."

Oh nein, Gertrude! Die ganze Sache ist noch steiler. Hättest Du dem naturwüchsigen Freiheitstrieb des Hänschen adäquaten freien Lauf gelassen, hättest Du ihm diese   Reinszenierung erspart. Deine Ängste sind zu seinen Fesseln geworden. Weil Du nicht seiner Lebenskunst vertrautest, nicht glauben konntest, dass auch weiterhin alles wohlveranlagt in ihm wächst, was es für das Leben braucht, sondern das „Gehfrei" mit einer „langen Leine" ausgetauscht hast, konnte er sich nicht autonom bewegen. Autonome Bewegungen, also ein Leben der eigenen Entscheidungen, ist an dieser Leine nicht möglich. Du brachtest ihn um die Erfahrung seiner eigenen Kompetenzen. Daher kam er zu der Überzeugung, allenfalls ein schwächliches Rückgrat zu besitzen. Um seine sexuelle Potenz stand es nicht besser, schließlich hat diese auch etwas mit Standfestigkeit zu tun. In festen Halterungen konnte er sich ganz gut bewegen, Grenzüberschreitungen traute er sich allerdings nicht zu. Sag, Gertrude, über wie viele Grenzen muss man schreiten, wenn man erfüllte Sexualität leben möchte?

„Wieder eine Deiner provakanten Fragen! Eine Zeit lang kann ich Deinen Ansichten folgen und dann bringst Du's so radikal, das ich mir denke: Trottel, bald wäre ich der auf den Leim gegangen. Mit Deinem Aufruf zur grenzüberschreitenden Sexualität wirst Du nun die letzten Leser und Leserinnen verlieren.

„ Och, das würde ich nicht sagen. Ich finde, jetzt wird es richtig spannend!"

„Phhh... Du willst nur das Ego der Menschen aufpolieren und scheust dabei vor nichts zurück. Was willst Du eigentlich damit bezwecken? Was ist das Ziel Deines halbwegs geschickten Manipulationsprogramms?"

„Immer wenn's eng wird fährst Du Deine Artillerie auf. Diese Frage beantworte ich."

„Johann???"

„Der Sex wird immer besser mit jedem Überschreiten der Grenzen, die einzig in unserem Kopf existieren. Du hast doch sicher in Deinen schlauen Büchern nachgelesen, dass nichts Gutes oder gar Heiliges daran ist, seine Kleinheit zu leben. Das würde weder Dir selbst, noch jemandem anderen dienen. Wir sind aber an unsere Kleinheit gewöhnt, erfahren sie tagtäglich und glauben letztlich nicht, dass etwas Großes in uns steckt. Uns wird schon bei dem Gedanken mulmig, niemand anderem die Verantwortung für unser Leben zuschieben zu können. Ein großes Leben ist ein selbstverantwortetes Leben. Seine Größe leben heißt, auch in der Niederlage eine notwendige Erfahrung zu erkennen und gestärkt aus dieser hervorzugehen. Seine Größe leben bedeutet, zu sich selbst zu stehen, mit sich selbst ehrlich zu sein, auch wenn andere das nicht verstehen, selbst dann, wenn es für andere extrem herausfordernd ist, weil sie zum Beispiel bemerken könnten, dass sie ein echtes sexuelles Problem haben."

„Mutterseelenallein mehrheitsfähig zu sein, das zählt am meisten!"

„Danke, Udo!"

„Bitte, Johann!"

„So, anstatt uns auf neue Erfahrungen einzulassen und einfach mal auszuprobieren, was da alles in uns steckt, lassen wir zu, dass unser Verstand sich einschaltet. Raffiniert und obergescheit weiß dieser nämlich, wie die Sache aus-geht, bevor überhaupt etwas passiert ist. Ja, wir sind ihm sogar unendlich dankbar, weil er uns schon so viele üble Erfahrungen erspart hat. Wir kalkulieren also gedankenex-perimentell verschiedene Situationen durch, erörtern das pro und contra und .... riskieren besser nichts, ehe wir zu der Thematik nicht auch noch renommierte Persönlichkei-ten befragt und in der entsprechenden Fachliteratur nach-gelesen haben. Was da passiert ist aber in Wahrheit fol-gendes: Unsere Gedanken werden zum Sprachrohr unseres Egos, das sich seinerseits von unseren Ängsten nährt. Fol-gen wir unseren Gedanken, so behalten wir unsere Ängste. Derartige, in der Kindheit überlebensnotwendige Schutz-mechanismen, gleichen allerdings denen eines Vogelkäfigs. Was ist das Leben eines Vogels wert, wenn er niemals fliegt? Wenn er nicht ein einziges Mal spürt, wie der Wind ihn trägt, hoch empor in eine Höhe, die alles da unten zum Minimundus macht. Ich war so lange in meinem Käfig, dass ich nicht einmal mehr die Gitterstäbe sah, ganz davon über-zeugt, dass nur verrückte suizidgeile Vögel fliegen. Oder kannst Du Dir vorstellen ein Schmetterling zu sein, wenn Du gerade als Raupe umher kreuchst, ständig in großer Gefahr auf der Flucht bist? Stell sie Dir vor, die Flucht einer Raupe. Ihr Geheimnis ist der Kokon. Diese Metamorphose war auch für mich der Beginn meines Lebens. Ich hatte mich so unberührbar gemacht, damit mich niemals mehr jemand verletzten konnte. Eine dicke Haut angelegt, die mit jedem

Tag erhärtete. Im Dunkeln habe ich geharrt, bewegungslos, teilnahmslos, fast leblos, bis mir diese Enge keine Wahl mehr lies und ich ausbrechen musste. So oder so, doch an ein Leben vor dem Tod konnte ich nicht mehr glauben. Ich lebe, Gertrude! Und dafür musste ich alle Grenzen überschreiten. Um diese Art von Grenzen geht es auch in der Sexualität. Nur wenn Du ganz zweifellos bei Dir bist, kannst Du dein Gegenüber erfühlen, in sein Inneres vordringen und eine Verbindung erfahren, die weit über alles hinaus geht. Wie könnte das jenseits von Offenheit möglich sein? Du hattest Dich mir ganz verschlossen, bevorzugtest die desexuelle Liebe zu unserem Sohn, so blieb der Himmel für uns beide unerreichbar."

„Ich habe es aber doch probiert. Alles in mir schrie auf. Ich konnte nichts außer zunehmenden Ekel empfinden."

Ja, das passiert schnell, wenn Menschen sich in eine Enge verpflichten. Es gelingt nur wenigen, sich in der Nähe nicht in den Wünschen des anderen zu verlieren oder umgekehrt: Der eine dominiert, der andere pariert. Nur weitgehend autonome und freie Menschen sind in der Lage, in einer nahen Verbindung ganz frei zu bleiben, so dass eine Dynamik entsteht, die beide gemeinsam und jeden für sich so richtig in Schwung bringt. Die Abhängigkeitsbeziehungen, die wir heute fast ausschließlich beobachten, sind Angstkompensationsmuster und wie alles, was aus Angst motiviert ist, haben sie keinen Bestand. Schuld wird geschickt oder kämpferisch hin- und hergeschoben, Opfer werden zu Tätern und Täter werden zu Opfern, - all das scheint so selbstverständlich, so unumstößlich, so schrecklich normal. All dies scheint immer noch besser zu sein, als das „Fliegen" zu wagen.

„Und was genau hätte ich dann tun sollen?"

„Ja, das will ich auch wissen, wie steigt man aus dem Käfig, ohne dass alles zusammenbricht, was die anderen im Käfig noch so dringend brauchen?"

„Grüß Dich, Maria, wir beide haben wohl mehr gemeinsame Interessen, als uns lieb ist."

„Ja, Gertrude. Und doch gibt es einen entscheidenden Unterschied: ich habe keinen Sohn, den ich in meiner Abhängigkeit halte, ihn seiner Sexualität beraube, weil alles Sexuelle rudimentär unterdrückt werden muss. Ich leide allerdings unter Deinem Sohn, der einfach nicht erwachsen werden will."

„Stimmt Maria. Du hast Dir eine Tochter geschenkt, weil Du alles Männliche aussterben lassen möchtest. Oh Maria, welcher Mann hat Dich so tief verletzt?"

Also, Ihr wollt genau wissen, was ihr hättet tun können! Ganz einfach: Erlaubt Euch, auf Euch aufzupassen, indem Ihr nur das tut, was Ihr wirklich wollt. **Es gibt nur eine**

neue Bedingung: Passt auf Euch auf, aber grenzt niemanden dabei ein. Dazu gehört auch, sich nichts vom anderen zu wünschen, nichts zu erwarten, geschweige denn, den anderen zu verpflichten. Kurz gesagt: Leben und leben lassen!

„Das hört sich ganz nett an, geht in der Praxis aber nicht ohne Verletzungen einher."

Ja, Maria. Du benutzt das Wort Verletzung. Es braucht viel Mut, dem anderen das Leben zuzutrauen. Mit unserer Ehrlichkeit erzeugen wir zwangsläufig eine Bewegung. Diese wird oft zum Anstoß, der eine Veränderung des ganzen Systems bewirkt. Vor allem Menschen, die uns nahestehen, kommen so an Grenzen, jenseits derer das Leben sie sehen will. Manchmal ist das auch schmerzhaft, und dennoch eine unerlässliche Herausforderung, die der Prozess des Lebens mit sich bringt. Wollen wir aber den anderen diese „Geburtswehen" ersparen, dann bedienen wir weiterhin unaufrichtig ein Verhalten, das der Leblosigkeit und der ewigen Ruhe auf dem Friedhof gleich kommt. Wem sollte das dienen? Ob Schmerz oder Freude, wir brauchen beides, um unseren Weg zu finden. Wer das begreift, hadert nicht mit dem Schicksal, bewertet weder Ereignisse noch Menschen. Wer das begreift, polarisiert nicht, sondern weiß, dass beide Pole ihm den Weg weisen. Er ist somit in gewisser Weise den Polaritäten enthoben. Er hat sie vereinigt durch die Sinnhaftigkeit, die er aus der Metaperspektive auf sein Leben gewinnen konnte. Du kennst doch sicher das Staunen, das sich manchmal beim Rückblick auf das Leben einstellt. Im Nachhinein ist es oftmals leichter zu erkennen, wie die Dinge zusammenhängen, wie ein Ereignis zu dem anderen führte und uns zu dem machte, der wir heute sind. Gerade die schmerzhaftesten und tragischsten Ereignisse, die wir uns so gerne erspart hätten, können wir - mit zeitlichem Abstand betrachtet - als Schlüsselsituationen erkennen, die uns am schnellsten in Einklang mit uns selbst gebracht haben. Und siehe da, es war gut so.

Ehrlichkeit ist ein Tor zur Befreiung aus dem Gebrauchsmuster. Und hiermit meine ich die Ehrlichkeit des Herzens. Den Verstand strapazierst Du vergeblich, um den Ausgang aus diesem Labyrinth zu finden. Er kann noch so viele Situationen analysieren, alternative Möglichkeiten eruieren, er bringt nicht mehr als eine Neuauflage des alten Spiels zustande.

„Ich habe die Befürchtung, dass meine Beziehung mit Friedrich in einem solchen Labyrinth enden könnte, wie Du es gerade beschrieben hast, obwohl ich dem Drama meines Elternhauses sehr bewusst entflohen bin. Friedrich und ich, wir sind wie füreinander geschaffen. Ich liebe es geradezu, wenn er in seiner männlichen Energie ist. Als Professor an der Uni steht er seinen Mann, seine Authentizität macht ihn unbequem und gleichzeitig beliebt. Er hat mir immer das Gefühl gegeben, mich in seine starken Arme fallen lassen zu können. Und ich habe das stets genossen, wenn er mich liebevoll „mein Engelchen" nannte. Ich darf die „schwache" Frau sein und habe gleichzeitig genügend Frei-Raum, um meine Stärken zu leben. Und dennoch fühle ich mich in letzter Zeit von ihm nicht wirklich gesehen."

Es freut mich Angela, dass Du so aufmerksam bist. Gut so, denn Du hast jetzt den „Schwarzen Peter".

„Was meinst Du damit?"

Nun, es ist kein neues Thema, das Du da spürst, selbst wenn Du dachtest, Du hättest alles ganz anders gemacht, wie Deine Vorfahren. Es wurden aber nur die Positionen und Spielfiguren in demselben Spiel geschickt vertauscht. Und das macht einen tiefen Sinn, daran ist nichts falsch, falls Du das dachtest.

„Aber Du sagtest doch, dass dieses Abhängigkeitsthema, also das Gebrauchsmuster, letztlich jeden zum Opfer macht. Ich will dieses Muster unbedingt vermeiden und bin nun mittendrin. Daran kann wohl auch nichts richtig sein!"

Weißt Du, es reicht nicht, etwas zu erkennen oder gut zu verstehen. Deine Eltern haben sicher auch eine Menge von dem verstanden, was sich bei ihnen in der wievielten Generation wiederholte. Und vermutlich haben sie es bei ihrer Familiengründung geradezu darauf abgesehen, bestimmte Konstellationen zu vermeiden. Dennoch hast Du die Sache nun am Hals, was bedeutet, dass es all denen vor Dir nicht gelungen ist, aus dem Vogelkäfig zu entkommen. Wenn sich Themen über mehrere Generationen wiederholen, dann tun sie das in der Regel mit einer Verschlimmerung. Es muss wohl immer derart schlimm kommen, dass eine Wiederholung der Wiederholung nicht mehr möglich ist. Etwas wirklich Neues kann nur entstehen, wenn das Alte durch seinen Untergang den Boden dafür fruchtbar gemacht hat. Du spürst bereits jetzt, wie Dein Ego fordert, dass Du Dich aufrüsten sollst. Du sollst kämpfen für einen Dir angemessenen Platz auf dieser Welt und neben Deinem Mann. Nur sexuell gesehen und begehrt zu werden macht Dich langsam wahnsinnig. Du fühlst Dich benutzt und leicht austauschbar. Was Dir wichtig ist, belächelt er allenfalls, meist streift Dich nicht einmal sein abwertend arroganter Blick. Deine Freundinnen geben Dir den guten Rat, Dich nicht weiter für ihn im Bett zu verbiegen. Entweder er nimmt Dich ganz, so wie Du bist, mit allem, was Dir wichtig ist, oder er kriegt gar nichts. Das würde ihn wütend machen und genau für diese Kampfansage, so sagen sie, solltest Du gewaffnet sein. Hättest Du eine Therapeutin, dann würde sie Dich in diesem Kampf bestärken. Sie würde Dich ermutigen und Dir nach verlorenen Gefechten neuerlich Mut zusprechen und dich mit neuen Kampfstrategien einbalsamieren. Sie würde Dir erklären, dass es nur so gehen könne, endlich Deine Größe zu leben, das kleine ängstliche Mädchen in Dir an die Hand zu nehmen, es zu retten. Und alles klänge so logisch, so notwendig, so zwingend und zweifellos. Ich sehe da eine ganze Meute an Deinem Lebensweg stehen, grölend und jubelnd, bereits im Siegestaumel. Jetzt sollst Du kämpfen um Deiner selbst willen, für Recht und Gerechtigkeit, was immer es kostet.

„Und ich würde damit nur die Karten neu mischen, nichts verändern, nur meine Position verbessern, unabhängig statt frei, steuernd statt liebend sein. Ich hätte meine Ängste im Griff, wie alles andere. Ich würde hart und immer härter, einsam und immer einsamer."

Genau!

„Aber wie kann ich unsere Beziehung verändern? Es muss doch irgendwie anders möglich sein, Friedrich klar zu machen, was da gerade mit uns passiert?"

Spare Dir Deine Belehrungen. Ich sagte doch, der Verstand, ob belehrt, belesen oder nicht, findet keinen Weg aus dem Labyrinth. So etwas ist nicht einmal vergebene Liebesmühe, sondern letztlich arroganter Hochmut: „Horch zu!!! Ich weiß was gut für Dich ist, hier sind meine Ratschläge!" Dabei willst du nur eine freiwillige Verhaltensänderung erzwingen, damit es Dir besser geht. Du bist nicht offen. Du weißt jetzt schon, was bei der ganzen Sache herauskommen soll. So funktioniert das aber nicht. Du kannst nicht wissen, was das Beste für Dich ist. Die Zukunft muss offen bleiben, sonst ist freie Bewegung nicht möglich. Und freie

Bewegung in Verbundenheit ist genau das Gegenteil von Abhängigkeit in Vereinzelung. Wenn Du offen bist und gleichzeitig ganz konzentriert, dann ist alles möglich. Dieser Zustand, in dem alles möglich ist, fühlt sich für Dich zunächst instabil an. Du trachtest vorzugsweise nach Stabilität. Stabilität ist aber bereits vergangenes Leben oder anders gesagt: abgestorbene Möglichkeit. Und so fühlt sie sich dann auch in Kürze an. Im Moment der Instabilität, der Offenheit, kommt das ganze Universum zum Tragen. In der Quantenphysik redet man vom Chaospunkt. Es ist der Moment der höchsten Sensibilität. Sensibel bist Du dann verbunden mit dem Gesamtzusammenhang, in dem Du Dich bewegst. Er ist es, der Dich nun bewegt, Dir neue Möglichkeiten eröffnet, für die du dich intuitiv, inspiriert, impulsiv entscheiden kannst.

Du würdest Friedrich nun sagen können, was für Dich funktioniert und was nicht, dann könnte er sich dazu verhalten. Er könnte für sich ausprobieren, was für ihn funktioniert und was nicht, ganz frei und ganz konzentriert. Und es funktioniert, wenn sowohl Du als auch Friedrich ganz ehrlich seid und erspürt, was gut tut und was nicht. Es kann dabei herauskommen, dass es in der bislang gelebten Nähe keinen Konsens gibt. Anstelle eines Verhandlungsabkommens, in dem Kompromisse eingegangen werden, solltet ihr Euch darauf einlassen, Nähe und Distanz neu auszubalancieren. Eure Beziehung kommt in Bewegung und durch diese Bewegung wird sie stabil. Ihr tragt Euch gegenseitig in unterschiedlichen Positionen, da ihr miteinander den dynamischen Schwerpunkt findet, statt im Stillstand Unstabilität zu erzeugen.

Kannst Du Friedrich sehen, wie Gott ihn gemeint hat? Das ist Fjodor Michailowitsch Dostojewskis Inhaltsbestimmung von Liebe.

Friedrich macht gar nichts falsch und darf so sein, wie er eben entschieden hat, zu sein. Ganz im Gegenteil: Weil er so ist, wie er ist, hast Du die Möglichkeit nun über Dich hinaus zu wachsen. Das wird Dich befreien und alle Deine Ahnen, die im Netz der Verstrickungen ihr Bestes gegeben haben: Ihr großer Verdienst, ja ihr Bestes besteht darin, sämtliche Irrwege des Labyrinths entdeckt zu haben. Was sie uns damit alles erspart haben! DANKE, DANKE, DANKE!

„Ja, aber wie?"

Wie? Wie wachsen geht? Das ist eine seltsame Frage. Das würden wir Menschen auch noch gerne machen, so wie wir Liebe machen wollen. Und da beobachte ich tatsächlich viele Menschen, die an sich herumziehen, sich mit allem Möglichen dopen. Ich sehe ganze Branchen, die ihr Geld damit verdienen, indem sie Wachstum versprechen. Aber Du kannst sehr wohl etwas tun und Du bist in der Tat verantwortlich für Dein Wachstum. Du schaffst den Rahmen dafür, die Bedingungen, unter denen etwas gedeihen kann. Du musst auf Dich aufpassen. Wie ein Botaniker ein

Pflänzchen pflegt und schützt, ihm alles zukommen lässt, was es braucht, so sollst Du auf Dich aufpassen. Die Dinge, die Du brauchst, werden sich verändern, so wie der Raum, den Du füllst. Der Weg zum Licht und der Prozess des Wachstums, das Reifen in verschiedenen Phasen, all das ist in Dir veranlagt, all das solltest Du möglichst störungsfrei geschehen lassen. Ohne Einmischung, ohne Bewertung! Ist ein Keimling weniger vollkommen, als die ausgewachsene Pflanze? Ist ein Baum erst ein Baum, wenn die Äpfel reif sind? So bist auch Du in jedem Augenblick richtig. In diesem Prozess gibt es kein Ziel, nur unaufhörliche Veränderung, die wir passieren lassen, die wir unterstützen sollten. So ist es auch innerhalb von Beziehungen. Zu Beginn brauchen wir offensichtlich einander. Das sehe ich ausnahmslos als Analytikerin von Familiensystemen. Und dann wird uns dieser Rahmen zu eng. An dieser Stelle bringen sich die meisten Menschen ins Stocken, anstatt ehrlich mit sich zu sein. Veränderung ist geradezu unerwünscht: „Als ich Dich heiratete warst Du noch ganz anders! … aber Du hast mir doch damals versprochen …!" Auch der Abstand, resp. die Nähe zueinander wird starr fixiert in diesen fixen Beziehun- gen. Mehr Abstand fühlt sich für die Menschen dieses Mus- ters wie Liebesverlust an. Es wird gekämpft und gesteuert, um die ewig gestrigen Verhältnisse zu erhalten. Jede Ver- änderung wird als Bedrohung erlebt, weil sie Vertrauen erfordert, weil sie etwas erfordert, das den Inhalt des Wor- tes Liebe wirklich ausmachen würde. Diese Be-zieh-ungen dienen nicht dem Wachstum, ganz das Gegenteil ist der Fall. Sie schränken ein. Liebe hingegen macht frei. Abhängigkeitsbeziehungen sind Konstrukte autonomieschwacher Menschen, die sich gegenseitig als Stütze benötigen. Das mag eine Zeit lang durchaus wichtig und sinnvoll sein, aber es ist keineswegs eine Zielstation, in der dauerhafte Erfüllung zu finden ist. Wie schon gesagt, ein Ziel gibt es gar nicht. **Leben heißt vielmehr: Veränderung passieren lassen und dem inneren Kompass folgen.** Ein Mensch, der sich auf dieses Spiel einlässt, sucht keinerlei Stabilität im Außen, in der verlebten Welt, die bereits dem evolutionären Verfall zustrebt. Das was bleibt, das Stabile, wonach wir uns sehen, besteht in der Dynamik der Veränderung. **Flexibel innerhalb komplexer, prinzipiell nicht überschaubarer Zusammenhänge, als Teil dieser, situativ agieren zu können, macht Stabilität erfahrbar.** Stabilität erfährt sich als Balance aus der eigenen Mitte, das kennst Du vom Fahrradfahren. Oder aber Du fährst Dein Leben lang auf Stützrädern. Kannst du Dir vorstellen, wie schnell Dir daran die Lust verginge? Du könntest immer nur langsam fahren, kämest nicht weit und auch nur wacklig voran. Wärest auf asphaltierte Straßen beschränkt, nein, auf Bürgersteige. Keine sehr reizvolle Vorstellung! Irgendwann montierst Du die Stützräder ab, die nur in einem frühen Alter dienlich waren. Und nun spürst Du sie, die Stabilität, Deinen inneren Schwerpunkt, Dich selbst. Nur in freier Bewegung kannst Du balancieren. Das verhaltene langsame Fahren erweist sich als viel komplizierter und macht nur in bestimmten kniffligen Situationen einen Sinn. Montiere also die „Stützräder" ab und es beginnt die Lebensphase jenseits der verrückten Illusion, wir bräuchten irgendwen oder irgendwas im Außen!

d) Du bist, wenn Du Dich zur Krone der Schöpfung erklärst!

„Das hört sich gut und irgendwie simpel an, wobei ich vermute, dass es nun auch wieder nicht ganz einfach ist, die Stützräder wegzuwerfen. Könnte ja sein, dass die ganze Sache mit der Balance aus der eigenen Mitte auch nur ein nettes, zugegebenermaßen sehr plausibles Konstrukt ist."

Oh, das freut mich sehr, dass Du noch da bist. Ich liebe derart kritisch lesende Menschen.

„Womöglich ist es gleichgültig, ob es sich um ein Konstrukt handelt oder nicht. Du deutest ja an, dass alles nur ein Gedankengebäude ist. Und wahrscheinlich gibt es auch Menschen, bei denen dein Konstrukt funktioniert. Ich bezweifle allerdings die Brauchbarkeit dieser Idee für die Masse der Menschen. Solche Gedanken verunsichern eher, als dass sie Land in Sicht bringen. Wo kommen wir da hin, wenn jeder situativ ganz emotional gerade das tut, was ihm gefällt? Worauf könnte man sich dann noch verlassen, nichts wäre verhandelbar, abzureden, sinnvoll planbar, alle Züge führen und kämen, wann es dem Lokführer gerade zufällig danach wäre. So etwas wie Verbindlichkeit gäbe es nicht mehr, stattdessen einen Haufen Egoisten."

Das ist unmöglich! Du vergisst, dass wir alle miteinander verbunden sind in einem großen Ganzen, einem Urgrund, aus dem alles hervorgeht. Diese Erkenntnisse der Quantenphysik zu leugnen, hat sich nicht bewährt und ist auch dauerhaft nicht möglich. Es ist so wie mit der Ansicht des Kopernikus: Und die Erde dreht sich doch um die Sonne. Derartige Tatsachen setzten sich einfach durch, selbst wenn man ihnen abschwört. Lebt der Mensch aus seiner Mitte, lebt er aus diesen seinen Wurzeln der Verbundenheit. Kann es sein, dass Du Freiheit mit Unabhängigkeit verwechselst? Freiheit ist: Verbundenheit leben und gleichzeitig seine einzigartige Besonderheit zum Tragen bringen. Zweifellos eine Dichotomie, die den Verstand vorschnell zu einer Entscheidung veranlasst, weil er die Widersprüchlichkeit nicht unmittelbar überwindet. Wir reden wohl besser mit Niels Bohr von der Komplementarität scheinbar paradoxer Aspekte. In der Quantenphysik wird der Dualismus von Subjekt und Objekt komplementär überwunden, werden die Polaritäten zur Einheit gebracht. Und das ist es, was das Leben selbst ständig tut, wenn es etwas Neues hervorbringt. Nur wer ganz konzentriert bei sich ist, kann den anderen wirklich wahrnehmen. Nur derjenige, der seine Individualität zum Tragen bringt, also seinen spezifischen Talenten und Fähigkeiten folgt und seine Eigenarten liebt, ist ein tragender Teil einer funktionierenden Gemeinschaft. Nur leblose Marionetten, die sich nach den Vorstellungen einiger weniger bewegen, hängen an Strippen. Sie tanzen vereinzelt auf einer Bühne jenseits von Kreativität und Mitgefühl, lediglich gesteuert von unsichtbaren Lenkern, die sich dieses Theater ausgedacht haben. Die Inszenierung funktioniert, weil die Marionetten nicht fühlen, nicht denken, aber parieren, weil ihnen die Hände gebunden sind.

„Aber so läuft das doch: Einige wenige haben das Zeug, sich unabhängig zu bewegen oder wenn Du das lieber hörst: frei zu agieren. Die meisten Menschen schätzen die Bequemlichkeit der Passivität. Sie lassen sich durchs Leben schaukeln, paradiesisch unschuldig. Wenn mal was schief geht, kann man sie nicht zur Verantwortung ziehen, weil die Entscheidungen andere treffen. Ganz brav und leise im embryonalen Stadium fühlen sie sich doch recht wohl. Die einen tragen halt die Krone der Schöpfung, die anderen sind als Untertanen geboren."

Zweifelsohne ist das ein sicherer Ort, geborgen und rundum versorgt im Mutterleib. Das ist wohl das Beste für einen Embryo, auch für den Fötus und auch für das heranwachsende Baby. Nach neun Monaten wird diese wohlige Behausung aber ziemlich eng, Bewegung ist kaum mehr möglich. Das Baby kauert sich immer mehr zusammen und spürt deutlich, dass eine Veränderung unvermeidbar ist. Und stell Dir vor, es würde darüber nachdenken, welch dramatische Veränderung des Lebensraumes es erwartet. Völlig entnabelt in einer kalten Welt, hilflos darauf angewiesen, dass sich jemand weiterhin seiner Versorgung annimmt. Nichts läuft mehr am Schnürchen. Alleine schon die Vorstellung, sich durch diesen engen Tunnel zu drücken. Was da alles passieren kann und welche Prozeduren weiterhin zu erwarten sind, nicht auszudenken. Da ist es in der Fruchtblase doch noch auszuhalten, in diesem vertrauten Lebensraum, der bis hier und heute so schützend und sicher war. Diesen zu verlassen wäre doch ziemlich verrückt, es wäre leichtsinnig das Leben riskiert, irgendwie undankbar gegenüber dem bislang doch zuträglich Erfahrenen. Ja, es käme einer undankbaren Unzufriedenheit gleich. Eine solch drastische Änderung wie die Geburt passieren zu lassen, scheint eher etwas für Egoisten zu sein. Dieser innere Drang, die spürbare Notwendigkeit, die nach Veränderung strebt, kann sicher nur egoistisch sein und das verbietet sich für die Menschen, die ständig auf den Zuspruch der anderen angewiesen sind. Schließlich riskiert das Ungeborene mit der Geburt ja nicht nur sein eigenes Leben, es ist dabei unvermeidbar, dass es der Mutter Schmerz zufügt und auch selbst wenn beide das gut überstünden, würde das Baby seine Mutter jahrelang brauchen und diese damit bis aufs Äußerste strapazieren und einengen. Wenn das nicht egoistisch ist?! Da ist es doch besser sich zu ducken, in der Fruchtblase zusammen zu schrumpfen. Auf jeden Fall muss weiteres Wachstum aufhören. Kleinheit zu leben scheint der einzige Weg zu sein, um weiterhin in dieser sicheren stabilen Komfortzone leben zu können.

Du siehst, an der Schwangerschaft an sich ist natürlich nichts falsch. Es ist kein Zustand, den wir uns ersparen können. Er ist in einer bestimmten Lebensphase der allerbeste

Lebensraum, solange, bis er es nicht mehr ist. Wer aus der Veränderungsnotwendigkeit den Rückschluss zieht, dass dieser Zustand nichts taugt, weil er ja zu überwinden ist, will nicht akzeptieren, dass Leben ein Prozess ist. So ist es auch mit all den anderen "Lebensräumen" und „Lebensumständen". Sie dienen uns eine Zeit lang, sind für unsere Reifung und Entfaltung unerlässlich. Und dann kommt die Zeit, in der wir spüren: Das, was uns bislang gedient hat, genau das steht uns jetzt im Weg. Unser Verstand versteht das zunächst nicht. Deshalb stellt er sich sämtlichen Veränderungen allzu gerne vehement in die Quere. Er dient uns nicht, wenn es um den Prozess des Lebens geht. Wer in den Prozess des Lebens vertraut, geschehen lässt, was das „Herz" begehrt, ist besser beraten.

Die Menschen, von denen Du sprichst, fürchten sich vor den naturwüchsigen Veränderungen des Lebens. Sie haben, um es kurz zu sagen, Angst vorm Leben. Sie sind im Grunde aus der Abhängigkeit, die zu leben war, herausgewachsen, schrecken aber vor der Vorstellung veränderter Anforderungen zurück. Was ist nun mit denen, die bereits der „Fruchtblase" entwachsen sind? Nun, da gibt es eben genau diese, die Prozesse bewerten: Oh, die sind noch nicht soweit! höre ich sie sagen. Und mit einem mitleidigen Blick wächst ihr Hochmut. Dann gibt es andere, die halten sich für „Macher". Auch diese bewerten. Sie sehen aber nicht einmal einen Prozess, in dem Menschen sich befinden, sie bewerten Zustände, aus denen sich nur die faulen feigen

Verlierer nicht heraus bewegen oder die schicksalsträchtigen ewig Minderbemittelten. Diese Menschen gilt es zu führen und zu lenken, um maximal für die eigenen Zwecke auszubeuten. Sich selbst halten sie für die geborenen Herrscher und herrschen völlig unabhängig. Autonomieschwachheit der anderen kommt ihnen gerade recht, sie ist Teil ihres Herrscherprogramms, das genau auf der Angst der Nicht-Herrschenden gegründet ist.

Wie auch immer: Unsere Menschen in der „Fruchtblase" fühlen sich defizitär. Entweder sind sie noch nicht so weit, dann sollten sie sich mal beeilen. Oder aber aus ihnen wird nie etwas. Und somit wird ein Gefühl von Minderwertigkeit geschürt, das wiederum zu Ängsten vor jeglicher Herausforderung führt. Der circulus vitiosus ist stabil initiiert und das deshalb, weil Menschen ihr So-Sein bewerten und bewerten lassen. Sie leiten ihre komplette Wertigkeit davon ab, dass sie so und nicht anders sind. Dieser Bewerterei enthoben zu sein, scheint ihnen nur zu gelingen, wenn sie genug aus sich gemacht haben, um zu den Unabhängigen zu gehören. Nur die Unabhängigen sind frei und können machen, was sie wollen.

„Aber wie kommt man aus dem circulus vitiosus heraus? Das dürfte nicht so einfach sein, fühlen sich doch die meisten Menschen, die ich kenne, als ob sie sich in einem Hamsterrad abstrampeln."

Och, es bedarf lediglich einer veränderten Perspektive auf das Leben, auf seinen Sinn und Zweck, auf seine Spielidee. Daraus ergäbe sich dann unter anderem die klare Einsicht, das jegliches Bewerten und Beurteilen eines Prozesses dumm und lächerlich ist, geradezu störend in einer ganzheitlichen Evolution des Lebens. Entscheide ich mich also dafür jemand zu sein, der nicht bewertet und urteilt über das Sosein seiner selbst und das seiner Mitmenschen, ist schon alles anders. Ganz nach dem Motto: Leben und leben lassen und dafür braucht halt jeder Mensch etwas anderes. Mit sich selbst ist dieser Mensch rasch im Einklang, weil er sich lächelnd zugesteht: Das brauche ich halt so! Es braucht doch jeder Mensch irgendetwas und vermutlich auch irgendwen, so lange, bis er es nicht mehr braucht und das wird irgendwann so sein. Aber ich lebe heute! „Jenseits der Ideen des rechten und unrechten Tuns gibt es einen Ort. Dort erwarte ich Dich (Rumi)". Stelle Dir die Welt als einen solchen Raum vor! In einem solchen Raum hat alles seine Berechtigung. Derjenige, der das so sehen kann, trägt tatsächlich die Krone der Schöpfung, hegt und pflegt alles, was da ist.

Denkst Du wirklich, dass die Unabhängigen es besser haben als die Abhängigen?

„Nachdem, was Du gerade ausgeführt hast, solltest Du die Frage anders stellen. Merkt doch jeder, dass dies eine rein rhetorische Frage ist. Wie wär´s mit: Jemand der unabhängig ist lebt deutlich autonomer und angstfreier. Er genießt Ansehen und fühlt sich potent. Was also ist der Irrtum der Unabhängigen?"

Sagte ich Dir schon, wie sehr ich solch´ aufmerksam lesende Menschen liebe?

„Dann gib´ ihnen bitte mehr Freiheit bei ihrer Antwort."

Du meinst, ich manipuliere oder lenke die Antwort? Ich traue meinen Leserinnen und Lesern nicht? Ehrlich gesagt, ich habe schon die ganze Zeit den Verdacht, dieses Buch in erster Linie für mich zu schreiben. Ich selbst muss mich immer wieder an bestimmte Wahrheiten erinnern. Und ich möchte Dich und die anderen keinesfalls belehren, sondern nur erinnern an das, was Du irgendwo in Dir drinnen schon lange weißt.

„Danke. Was ist nun mit meiner Frage?"

Nun, eine Kostprobe hattest Du jetzt schon. Derjenige, der unabhängig sein will, ist nicht in der Lage anderen etwas zuzutrauen, er traut niemandem, überlässt nichts dem Zufall und führt das anstrengende Leben eines manipulativen Strategen. So braucht er es nun einmal, bis er es nicht mehr so braucht. Denn auch dies ist nur ein vorübergehendes Erfahrungsstadium in einem Prozess ohne Ziel. Niemandem zu vertrauen macht allerdings schmerzlichst einsam. Ich halte die Einsamkeit für die bitterste Illusion, die wir uns erfunden haben. Und tatsächlich kommen viele aus diesem Zustand der Leblosigkeit und inneren Leere nicht mehr heraus. Sie sind davon überzeugt, sich nicht mehr das Leben nehmen zu können, sich auf das Leben einzulassen, bevor sie sterben, da sie sich bereits in diesem Zustand lebendig begraben fühlen.

„Wie genau unterscheidet sich also Freiheit von Unabhängigkeit?"

Unabhängigkeit ist einfach das Gegenteil von Abhängigkeit. Beide Parameter befinden sich auf ein und derselben Skala, die wir als Beziehungsmuster des gegenseitigen Brauchens bezeichnen können. Man könnte auch sagen, Unabhängigkeit ist die andere Seite von ein und derselben Medaille. Sie ist die Verweigerung von Bindung aus großer Angst, sich selbst zu verlieren. In der Verweigerung stagniert das Leben. Will man schmerzliche Gefühle verweigern, weil sie nicht gut tun, mischt man sich schon wieder in einen naturgegebenen Prozess ein. Es ist also ganz und gar nicht geschickt, Gefühle zu bewerten und manche davon als ungut weg zu organisieren. Sie alle sind gleichermaßen notwendig um in der Bewegung des Lebens zu bleiben. Denke immer daran: Auch der Fluss Deiner Tränen trägt Dich weiter!

Freiheit hingegen liegt jenseits dieser Polarität. Freiheit ist das, was das Leben an sich ist. Könnte man diese Begriffe hinreichend bestimmen, so würde der Inhalt identisch sein:

Leben = Freiheit! Du weißt sicher wie es ist, wenn Du Deine Freiheit nach und nach einschränkst. Jeder kleine Kompromiss, der auf Kosten Deiner Freiheit geht, nimmt Dir im gleichen Maße das Leben. Leben und Freiheit finden jenseits von Eingeschränktheit statt, sie sind prinzipiell offen. Lebendige Verbindungen schränken daher nicht ein, sondern unterstützen einander im Prozess, sich immer freier bewegen zu können. Da wird nicht festgehalten und fixiert, nicht versprochen und verpflichtet, nicht gezogen und manipuliert, keine Kontrolle ausgeübt unter dem Vorwand: Ich schenke Dir meine ganze Aufmerksamkeit. In einer lebendigen Verbindung verhalten wir uns ganz offen und ehrlich, achtsam unterstützend und gleichsam sanftmütig zu uns selbst und zu allem und allen anderen. Und nun merkst Du schon, dass sich so auch der Begriff „Liebe" mit einem ganz anderen Inhalt füllt. Er ist tatsächlich ebenfalls inhaltsgleich mit den Begriffen „Leben" und „Freiheit". Dass es sich jeweils um das EINE und dasselbe handelt wird Dir klar, wenn Du Dir folgendes vorstellst:

Was wäre Freiheit ohne Liebe?

Was wäre Liebe ohne Freiheit?

Was wäre Dein Leben ohne Liebe?

Was wäre Dein Leben ohne Freiheit?

Wer in seinem Leben nicht wenigsten einmal geliebt hat, der hat sein Leben gar nicht gelebt. Wer in seinem Leben stets den Entscheidungen anderer folgt, sich passiv verhält, um keine eigene Verantwortung tragen zu müssen, hat sein Leben gar nicht gelebt. Wer keine freien Entscheidungen treffen kann, stets das tut, was er nicht will und nie das, was er will, weil Sicherheit und Stabilität einer Komfortzone so gemacht werden, - sag, was ist so ein Leben wert? Es ist, als ob Du scheibchenweise stirbst. Und wenn fast alles in Dir abgestorben ist und Du siehst, was von Dir und Deinem Leben übrig geblieben ist, würdest Du dann nicht alles dafür geben wollen, noch einmal an dieser Wegkreuzung zu stehen an der Du Dich gegen Deine innere Stimme entschieden hast? Würdest Du nicht alles dafür geben, nochmal an dieser Wegkreuzung zu sein, um auf die Angst zu spucken, der Du Dein Leben lang gefolgt bist? Dir wäre dann spätestens klar, dass derjenige, der nichts wagt, auch nichts gewinnt, - schlimmer noch: er verliert alles: sich selbst! Könntest Du Deine Zeit zurück drehen, dann würdest Du jeder Deiner Sehnsüchte folgen, ganz egal, wohin sie Dich führten, gleichgültig, ob mit oder ohne den Segen der anderen, wurscht wie einsam und lang manche Wegstrecken auch gewesen wären. Du hättest gelacht, wenn Du gestolpert wärst und mit jeder neuen Erfahrung wärest Du trittfester geworden. Du wüsstest: Dein Leben er-füllt sich mit jeder Erfahrung, die Du machst. Mit jeder Erfahrung, die Du machst, fühlst Du Dich freier. Und da wächst gleichzeitig ein Gefühl in Dir... so, als ob Du die ganze Erde umarmen, nach jedem Stern greifen und jeden Tropfen Tau riechen könntest. Aus diesem Gefühl agierst Du in jeder Begegnung, weil Du gar nicht anders kannst. Jetzt erfasst Du im Ansatz, was ich unter Liebe verstehe. Und stell Dir vor, nicht nur Du, sondern ganz viele würden sich für, anstatt gegen ihr eigenes Leben entscheiden, wie schön diese Welt wäre. Sie wäre frei von allen egoistischen Machenschaften, frei von Gewalt und Leid, befreit von sämtlichen Dramen, die wir letztlich aus purer Angst inszenieren.

„Wenn Liebe und Freiheit dasselbe sind, - wie wird sich das zwischen Mann und Frau verbindlich leben? Wie könnte der Rahmen für unsere Kinder ausschauen, der doch zumindest in den ersten Jahren ein sehr verlässlicher sein sollte? Bist Du etwa für „Freie Liebe" und die Aufzucht von Kindern in Kommunen?"

Das Maximum an Freiheit geht einher mit dem Maximum an Liebe. Wenn ich meinen Partner zu nichts verpflichte, ihn nicht einenge, von ihm nichts erwarte, mir nichts von ihm wünsche, und für alles selbst sorge, von dem ich denke, dass es mir fehlt und dass ich es brauche, dann habe ich dieses Maximum an Liebe vermutlich erreicht. Diese Liebe ist das größte Geschenk an den Menschen, mit dem wir so gerne zusammen sind, den wir begehren. Und wenn er mir ebenso alle Freiheit schenkt, kann es wohl keine größere erfahrbare Liebe geben. Eine Liebe, wie sie im Hohen Lied der Liebe des Korintherbriefes 13, 4 - 8 beschrieben wird:

Die Liebe ist geduldig, wohlwollend; die Liebe ist nicht eifersüchtig; die Liebe prahlt nicht, bläht sich nicht auf, ist nicht unanständig, nicht selbstsüchtig, lässt sich nicht aufreizen, sinnt nichts Arges, hat nicht Freude am Unrecht, hat vielmehr Gefallen an der Rechtschaffenheit; sie entschuldigt alles, glaubt alles, hofft alles, duldet alles.

Gute Wegweiser sind auch die Zeilen von Khalil Gibran in dem Büchlein: Der Prophet

Wenn die Liebe dir winkt, folge ihr,

Sind ihre Wege auch schwer und steil.

Und wenn ihre Flügel dich umhüllen, gib dich ihr hin. Auch wenn das unterm Gefieder versteckte Schwert dich verwunden kann.

Und wenn sie zu dir spricht, glaube an sie, auch wenn ihre Stimme deine Träume zerschmettern kann wie der Nordwind den Garten verwüstet. Denn so, wie die Liebe dich krönt, kreuzigt sie dich.

So wie sie dich wachsen lässt, beschneidet sie dich.

So wie sie emporsteigt zu deinen Höhen und die zartesten Zweige liebkost, die in der Sonne zittern,

Steigt sie hinab zu deinen Wurzeln und erschüttert sie ihre Erdgebundenheit.

All dies wird die Liebe mit dir machen, damit du die Geheimnisse deines Herzens kennenlernst und in diesem Wissen ein Teil vom Herzen des Lebens wirst.

Aber wenn du in deiner Angst nur die Ruhe und die Lust der Liebe suchst, dann ist es besser für dich, deine Nacktheit zu bedecken und vom Dreschboden der Liebe zu gehen in die Welt ohne Jahreszeiten, wo du lachen wirst, aber nicht dein ganzes Lachen, und weinen, aber nicht all deine Tränen.

Liebe gibt nichts als sich selbst und nimmt nichts als von dir selbst.

Liebe besitzt nicht, noch lässt sie sich besitzen;

Denn die Liebe genügt der Liebe.

Wenn du liebst, solltest du nicht sagen: "Gott ist in meinem Herzen", sondern: "Ich bin in Gottes Herzen"

Ich denke, einer solch großartigen Liebe wachsen wir alle entgegen, von Augenblick zu Augenblick. Und das funktioniert, indem Du Deine augenblicklichen Gefühle nicht verleugnest. Manches geht für Dich, anderes bringt Dich aber auf die Palme. Schaffe so viel Abstand zwischen Dir und dem Menschen, den Du begehrst, dass Du den Respekt vor Deinem Gegenüber behältst. Wie viel räumlichen oder/und zeitlichen Abstandes es bedarf, ist so unterschiedlich, wie die Menschen und zudem unterliegt dieser natürlich der ständigen Veränderung. Eine Abkürzung in die liebevolle Nähe scheint es nicht zu geben. Nähe herstellen oder machen, nur weil sie an irgendeiner Stelle des Prozesses Leben womöglich an der Reihe ist, verkennt, worum es eigentlich geht. Diese Vorstellung, alles sei machbar, selbst Gefühle, verkennt wiedermal, dass es nicht um einen Zielzustand geht, sondern um die Bewegung dorthin und immer weiter. Du kannst auch keine Äpfel pflücken bevor es Herbst ist. Und was, wenn die Äpfel geerntet sind?

Du spielst auf die Kommunen der 68iger an, nehme ich an. Die gesamte 68iger Bewegung war ein Ausbrechen aus der Enge und Starrheit in sämtlichen Lebensbereichen. Dazu gehörten ganz klar und notwendigerweise auch die starr gelebten Ehen. Es war ein Aufbrechen und Ausprobieren. Als neue Lebensformen dogmatisiert wurden, mindestens in bestimmten Kreisen, war das Ende dieser Bewegung bereits eingeläutet. Diejenigen, die Offenheit propagierten, machten sie für alle Beteiligten mehr oder weniger zum Zwang: „Es darf dir nichts ausmachen, wenn dein Freund die Nacht mit deiner Freundin verbringt. Du weißt doch, Liebe hält nicht fest und besitzt nicht! Sie eifert nicht, bläht sich nicht auf, sondern erträgt alles!" Ja, an diesem Umdenken konnte nichts falsch sein, der Verstand hatte den Weg deutlich erkannt, das Herz würde ihm schon folgen. Und wenn es das nicht schleunigst tat, so musste man wenigstens so tun als ob, damit es in der Kommune funktionierte.

Du siehst, wir haben hier ein weiteres Beispiel dafür, dass der Verstand sicher berechtigt einen Zielzustand formulieren kann, der sich auch ideal anfühlt. Dennoch findet er offensichtlich keinen Weg dorthin. Er hat einige gute Ideen, presst aber dabei wieder alles in bestimmte Formen, in die es sich zwangsweise einzufügen gilt. Mag schon sein, dass es einen Idealzustand gibt, nach dem alle trachten. Ganz offensichtlich ist es aber so, dass es so viele Wege dorthin gibt, wie Menschen. Die Freiheit besteht nicht im zwanghaften Leben eines verordneten Ideals. Freiheit ist, seinen eigenen Weg finden und gehen zu dürfen, ganz gleich, ob dieser Weg auch für andere taugt oder nicht. Der Weg selbst ist die Wahrheit, ist das Leben. Du kannst Dir das auch an folgendem Beispiel klar machen:

An einem schönen Sommertag finden sich in der Früh am Fuße eines Berges eine Menge Menschen zusammen, die das Gipfelkreuz eines 2000 Meter hohen Berges erreichen wollen. Sie kommen über die verschiedenen Möglichkeiten ins Gespräch. Es entsteht sogar ein Wetteifern um die beste Möglichkeit. Da lauschen alle ganz aufmerksam denjenigen, die schon des Öfteren oben waren. Diese hatten bereits einiges ausprobiert, so müssten sie ja am besten wissen, was für alle anderen gut ist. Manche möchten sich halt mühsame Umwege ersparen. Diejenigen, die sich für die Gondel entscheiden, werden rasch belehrt. Sie könnten das zwar tun, ein wirkliches Gipfelerlebnis wäre dann aber nicht spürbar. Kein Zielerlebnis ohne vorherige Anstrengung! Die Gond´ler zählen in der Diskussion nicht wirklich. Sie gondeln überall hin, erleben überall das Gleiche und spüren allenfalls die Promille im Blut. Die verschiedenen Routen sind unterschiedlich lang. Ihre Länge hängt mit dem Schweregrad des Aufstiegs zusammen. Die kürzesten Strecken sind dabei die herausforderndsten, weil sie einige schwierige Passagen bergen, die Wege holprig und schmal sind und es dort keine Jausenstationen gibt. Die breiteren Wege ziehen sich halt sehr weit, weil sie Umwege um unwegsames Gelände machen. Nichtsdestotrotz seien sie recht interessant, bestückt mit reichlich Raststationen und immer gut beschildert. Was denkst Du, welche Entscheidungskriterien sind nun bei der Wahl des Weges von ausschlaggebender Bedeutung? Wäre es sinnvoll davon zu reden, es gäbe ungeeignete Wege? Oben angekommen stehen alle vor demselben Gipfelkreuz, genießen alle denselben Ausblick, sind alle erschöpft. Niemand hält sich aber sehr lange dort auf. Gemessen an der Dauer der ganzen Reise ist der Aufenthalt am Zielort - zeitlich betrachtet - fast vernachlässigungswert. Würde man sich deshalb mehrere Stunden um das Gipfelkreuz herum aufhalten? Nein, schon bald stellt sich ein neues Ziel ein, das man heute noch erreichen will. Worum ging nun eigentlich der ganze Aus-Flug? Waren es nicht vielmehr alle Erfahrungen, die jeder auf seinem Weg machen konnte, als die paar Minuten am Zielort? Die Erfahrungen, die sich aus den Herausforderungen des Geländes ergaben? Das Erfahren der eigenen Grenzen an Ausdauer, Stärke, etc.? Die vielen kleinen Entscheidungen, die es auf dem Weg immer wieder zu treffen gab, vor allem, wenn sich Unsicherheit einstellte? Die Begegnungen mit anderen Menschen? Das zufällige Entdecken einer kleinen Wasserlacke, in der ein buntes Vögelchen lustig herum plantscht? Das Beobachten der eigenen Gedanken, auf den höher gelegenen kleinen Trampelpfädchen, wo selten jemand daherkommt?

Es gibt keine richtigen und falschen Wege, nur unterschiedliche. Freiheit ist, wenn jeder sich für den Weg entscheiden kann, der ihm angemessen scheint im Hinblick auf seine Ressourcen und Vorlieben. Und umgekehrt: Stell Dir vor, es gäbe nur einen Weg? Es gäbe keine Qual der Wahl, keine Unsicherheit, ob man wohl noch richtig ist, da man immer jemandem auf diesem Weg begegnet. Der Weg wäre gut berechenbar, wäre gut ausgebaut, da alle ein Interesse an ihm haben. Er wäre so angelegt, dass er sich im leichten bis mittleren Schwierigkeitsgrad befindet, damit er für möglichst viele passt. Die etwas Unsportlichen müssten halt ein wenig trainieren, die Spitzensportler könnten ja laufen, um sich zu fordern, sonstige Sonderlinge mit speziellen Bedürfnissen, scheiden von vorne herein aus, sollten den Weg erst gar nicht antreten. Nun geht es nicht mehr darum, sich für seinen Weg zu entscheiden, seine Erfahrungen zu machen mit allem drum und dran. Nun geht es primär darum dafür zu sorgen, in eine Normalitätsfolie hineinzupassen, weil dies unabdingbar ist, um den Gipfel zu erreichen.

„Das leuchtet mir ein. Vermutlich passt der DIN-genormte Weg eigentlich nur für wenige. Für alle anderen ist das ganze Leben eine lustlose Qual. Die Abhängigen schieben sich in Kolonnen gen Gipfel, da wird gezogen und gedrückt, da braucht man den anderen, um überhaupt voranzukommen, sich gegenseitig zu bedauern oder zu „Räuberleitern" umzufunktionieren. Man könnte den Eindruck gewinnen, dass dies ein lustiges Spiel ist. Es hat den Anschein, als ob sich mehrere unterstützen. Betrachtet man die Sache allerdings von außen, so kommt der ganze Haufen unterm Strich keinen Meter voran, da sich die Abhängigen letztlich gegenseitig blockieren. Auf der Überholspur beneiden sie dann die Unabhängigen. Freilich scheinen die irgendwie egoistisch zu sein, „aber sieh´ doch, die kommen da an, wo ich hin will." Also muss man unabhängig werden. Gut ausgerüstet, zielstrebig, nicht manipulierbar, unberührbar und emotionsleer in Rekordzeit zum Gipfel, bevor jemand anderes einem den besten Platz wegnimmt. Das scheint der eigentliche Grund für den ungebremsten Ehrgeiz auf dem Weg nach oben zu sein, denn ansonsten fühlt es sich am Gipfel ziemlich sinnlos und leer an.

„Und wie würden nun Freie Menschen ihr Ziel erreichen?"

In **Seilschaften!** Seilschaft steht für gegenseitige Unterstützung, unabhängig von einer bestmöglichen Eignung für eine Aufgabe. Es geht darum, das Vorankommen eines jeden gegenseitig zu fördern. Wenn das gelingt, kommt die Gruppe als Ganzes optimal voran und bleibt wegen ihrer Verbundenheit vor Gefahren gesichert. Liebe zwischen zwei Menschen, insbesondere derer, die sich in einer Partnerschaft zusammen gefunden haben, ist dann ein verbundenes Wandern auf einem gemeinsamen Weg, bei dem beide gleichermaßen darauf bedacht sind, den anderen zu unterstützen und gleichsam ganz frei zu lassen.

Ihr wurdet zusammen geboren, und ihr werdet auf immer zusammen sein.

Ihr werdet zusammen sein, wenn die weißen Flügel des Todes eure Tage scheiden.

Ja, ihr werdet selbst im stummen Gedenken Gottes zusammen sein.

Aber lasst Raum zwischen euch.

Und lasst die Winde des Himmels zwischen euch tanzen.

Liebt einander, aber macht die Liebe nicht zur Fessel:

Lasst sie eher ein wogendes Meer zwischen den Ufern eurer Seelen sein.

Füllt einander den Becher, aber trinkt nicht aus einem Becher.

Gebt einander von eurem Brot, aber esst nicht vom selben Laib.

Singt und tanzt zusammen und seid fröhlich, aber lasst jeden von euch allein sein.

So wie die Saiten einer Laute allein sind und doch von derselben Musik erzittern.

Gebt eure Herzen, aber nicht in des anderen Obhut.

Denn nur die Hand des Lebens kann eure Herzen umfassen.

Und steht zusammen, doch nicht zu nah:

Denn die Säulen des Tempels stehen für sich,

Und die Eiche und die Zypresse wachsen nicht im Schatten der anderen.

(Khalil Gibran, der Prophet)

e) Du bist, was Du denkst!

„Nun, das klingt alles sehr einleuchtend. Aber wie komme ich aus diesen alten Gedankenmustern raus? Wie schaffe ich es, das Leben dauerhaft aus dieser Perspektive zu sehen? Ich bin derart an den herkömmlichen Blickwinkel gewöhnt, bin so geprägt. Ist es nicht nur eine nette Täuschung, eine neue Illusion, die Ignoranz der eigenen Beschränkungen und der Schranken der Gesellschaft, in der ich mich befinde, wenn ich mit einem Gedankensprung mein ganzes Leben verändern will?"

Ja, diese Illusion, in Sprüngen voran zu federn, wird zurzeit ziemlich propagiert und vermarktet. Sie bereichert genau die Menschen, die in Wirklichkeit keinerlei Perspektivwechsel vollzogen haben. Und manche von ihnen wissen genau, was sie tun. Das sind die Heuchler und Pharisäer, die es bereits vor 2000 Jahren gab. Du kannst Dir folgendes klar machen: Wenn Dir jemand verspricht, Dein Leben werde leichter, wenn Du dieses und jenes durch diese oder jene Methode auflöst (und der Methoden gibt es sehr viele), dann kann dieser Mensch weder Dich sehen, noch verstehen, dass Du genau da richtig bist, wo Du gerade bist. Dass Du Dich in einem perfekten Prozess befindest, der gar nicht besser laufen könnte, da er alle Erfahrungen birgt, die es braucht, um den nächsten Level nehmen zu können. Wer das nicht sieht, hat den Prozess des Lebens schlichtweg nicht verstanden. Er sät in den anderen Selbstzweifel, hält sie für defizitär und minderwertig. Er macht die anderen zu Rettungsbedürftigen, um dann gnädig, zumeist aber keinesfalls großzügig was die Kostenforderung angeht, seine rettende Hand auszustrecken. Du siehst, wir befinden uns damit wieder mittendrin im Täter-Opfer-Retter-Gebrauchssystem, das sich genau an der Stelle des Lebensprozesses als nicht mehr dienlich erwiesen hat. Lassen wir uns auf diese falschen Versprechungen der Retter ein, dann verhindern wir geradezu Lebensveränderung. Wir zementieren sozusagen erneut, aus lauter Selbstzweifel, einengende Grenzen.

Sicher hat auch das seinen Sinn! Wieder verlieren wir den Zugang zu dem Reichtum, der längst in uns keimen will. Wieder zweifeln wir daran, dass wir genügen, ausreichen, im Frieden mit uns sein können, weil alles gut ist, wie es ist, in einem sehr guten Gesamtprozess der stetigen Veränderung. Und vor lauter Selbst-Misstrauen glauben wir tatsächlich, wir bräuchten Nachhilfestunden. Und diese Nachhilfestunden sind nicht preiswert, wenn sie qualitativ gut sein sollen, - so glauben wir. Es handelt sich um einen Weg, auf dem wir viel Lehrgeld zahlen, um schließlich in die Überzeugung zu gelangen, dass wir nur uns selbst vertrauen können. Und das ist nicht nur völlig ausreichend, sondern genau das, was das Leben von uns will. Nur wer sich selbst traut, traut auch anderen etwas zu. Nur, wer sich selbst traut, sieht die Mitmenschen als ebenso perfekt ausgestattete Menschen, die sich auf ihrem Weg zu sich SELBST befinden. Und treffen sich die, die sich selbst trauen, dann haben wir es mit einer echten Begegnung zu tun, in der wir die Tiefe unserer Verbundenheit spüren. Wir ahnen eine gemeinsame Verwurzelung, einen identischen Urgrund unseres Seins, auf dem unterschiedliche Aspekte des Seins zum Tragen kommen. Diese Vielfalt spiegelt uns unsere eigene Potentialität, so wie ein Hologramm. Ein Hologramm ist nicht das Ganze, aber es impliziert alle Aspekte des Ganzen, macht sie sichtbar. Eine solche Begegnung ist das, wonach unsere Herzen sich sehen. Zwei Menschen, die sich sehen, wie sie gemeint sind. Zwei Menschen, die jeweils den anderen in sich selbst, und sich selbst im anderen erkennen. Dass diese Begegnungen nichts Belehrendes in sich tragen, ist evident! Es gibt nichts zu belehren in einer so transparenten, offenen, bedingungslosen, angstfreien Begegnung.

„Demnach sind es Begegnungen, die unser Leben in Schwung bringen, und keine Gedankenkonstrukte!?"

Ja, Gedankenkonstrukte als verordnete Wegweiser zum Glück oder gar als Werkzeug, um uns auf die Sprünge zu helfen, sind kontraindiziert für ein gedeihliches Leben. Sie stehen Dir im Weg und behaupten das Gegenteil. Am Ende fühlst Du Dich wie ein Vollpfosten, der selbst bei totsicheren Lebenskonzepten keinen Fuß auf den Boden kriegt. Diese Verschlimmerung des Selbstwertes brauchen ganz offensichtlich einige Menschen, um genau zu spüren, wie Leben nicht funktioniert. Aber mal ganz unter uns: Diejenigen, die wider besseren Wissens ihre Mit-Menschen in diese „Schlucht" führen, schaffen sich damit eine Realität, die so herausfordernd sein wird, dass das Spiel des Lebens alles andere als lustig ist. An dieser Stelle darf ich bitte das Neue Testament zitieren, das – nebenbei bemerkt – in einer uns vielleicht missverständlichen Sprache und in einer vorwiegend missbräuchlichen Deutung ihrer „Vorleser", alle Prinzipien des Lebens enthält, von denen hier die Rede ist. Und das, obwohl es mir nie als Vorlage gedient hat, - ist doch erstaunlich, oder?

Nun aber das zutreffende Zitat aus MK 14,21–26:

„Der Menschensohn muss zwar seinen Weg gehen, wie die Schrift über ihn sagt. Doch wehe dem Menschen, durch den der Menschensohn ausgeliefert wird; es wäre besser, wenn dieser Mensch gar nicht geboren wäre."

Und wo wir gerade dabei sind:

„Wer aber einem dieser Kleinen, die an mich glauben, zum Falle gereicht, dem wäre es besser, wenn ihm ein Mühlstein um den Hals gehängt und er in die Meerestiefe versenkt würde. Wehe der Welt um der Ärgernisse willen! Es müssen

zwar Ärgernisse kommen; aber wehe dem, durch den das
Ärgernis kommt!" (Matthäus 18,6)

Du siehst, im Vergleich mit Jesus bin ich wirklich zimperlich
in meinen Formulierungen. Jesus war radikal im Denken
und grenzenlos sanftmütig im Herzen. Eine köstliche und
sehr gedeihliche Mischung, wie mir scheint, - hat ja offensichtlich sein Leben und seine Botschaft niemals an Aktuali-
tät verloren.

Wir schaffen keine neue Realität mit unseren Gedanken,
woher sollten wir auch wissen, was gut für uns ist. Und
wenn wir das schon nicht wissen, woher wissen dann die
anderen über uns so genau Bescheid?

„Wir schaffen keine neue Realität mit unseren Gedanken?
Die Energie folgt nicht den Gedanken? Ist das nicht aber
doch genau die Aussage der Quantenphysik?"

Wenn Du Dir immerzu ganz bewusst mit Deinen Gedanken
Deine Wirklichkeit schaffen würdest, sähe diese dann nicht
etwas anders aus?

„Stimmt."

Es stimmt, dass der Urgrund, der Beginn jeder Wirklichkeit,
nichts Greifbares ist. Manche sprechen hier vom Reich der
Möglichkeiten, der Potentialität, der Wahrscheinlichkeiten,
von einer rein geistigen, spirituellen Ebene, von der göttli-

chen Matrix oder von Gott. Ich kann mit dem Terminus „Leben" mehr anfangen. Es stimmt wohl auch, dass es durch Aufmerksamkeit, durch Beobachtung, durch Resonanz, durch Entscheidung, durch den Zugriff ins All der Möglichkeiten zur Manifestation kommt, die wir dann als Realität wahrnehmen. Eine Manifestation durch Gedankenkonzentration will ich nicht ausschließen, doch diese scheint mir vorrangig den echten Magiern und Okkultisten zu obliegen. Dennoch stimmt es sicher, dass wir unsere Wirklichkeit erschaffen, aber wir tun dies am aller wenigsten rational. Deshalb hat unser Verstand auch meistens etwas auszusetzen an dem was ist. Er fängt an, angeblich Unpassendes passend zu machen, damit es sich wieder gut anfühlt. Die ganz „hellen Köpfe" unter uns setzen seit den Errungenschaften der Quantenphysik weiterhin auf ihren Verstand als Schöpfer einer besseren Welt. Mit neuem Ehrgeiz bringen sie ihre mentale Ebene mittels Meditation, Gedankenkontrolle und anderen Timeout-Übungen in Schwung. All diese Übungen haben sicher ihre Berechtigung, funktionieren aber so gut wie nie, wenn sie die Erschaffung von Liebe und Lust zum Ziel haben. Lediglich ein freier Parkplatz lässt sich so buchen!

Wir Menschen sind keine ausschließlich rationalen Wesen. Die emotionale Ebene des Menschen scheint der Zugang, die Verbindung zum Leben zu sein. Letztlich fehlen uns die richtigen Worte für diese Zugangsebene, da unsere Sprache mit ihren Begriffen dem begrifflichen Denkmuster folgt.

Die emotionalen Schichten, aus denen heraus unsere greifbare Wirklichkeit entsteht, sind uns nur ansatzweise bewusst. Sie werden geradezu durch den Manifestationsprozess bewusst, dessen Sinn und Zweck anscheinend damit in Erfüllung geht. An den Ereignissen erkennen wir unsere tiefen Ängste und schönsten Vorlieben. Eine Verkürzung des Menschen auf seinen Verstand wird dem Menschen als Mensch keinesfalls gerecht. Und wenn wir uns selbst darauf reduzieren, dass wir das sind, was wir denken, grenzt dies an eine Selbstverstümmelung, die einhergeht mit klirrender Kälte. Und das ist deshalb so, weil wir beinhart die Bedingung der Möglichkeit der Selbsterkenntnis negieren, um die das ganze Spiel des Lebens zu gehen scheint:

Realität wird vielmehr aus dem riesigen Repertoire unseres Unterbewussten geschaffen. Da haben wir ganz unten das All der Möglichkeiten, das ganze komplette, weise, liebevolle Selbst. Dann kommen die Ängste, die in unserer familienspezifischen Situation entstanden sind, weil wir nicht alles sein durften. Ängste sind also nichts anderes als Enge. Unsere Vollkommenheit musste eingeengt werden. Du erinnerst Dich, wir mussten eine Auswahl treffen, die sich nach den Akzeptanzbedingungen unserer nächsten Umgebung richtete. Und zu guter Letzt kommen dann die Schutzmechanismen, die wir vor die Ängste schalten mussten, um diese in Schach zu halten. Der Lebensprozess ist ein Befreiungsprozess: Das Außen manifestiert sich ständig, gemäß dieser unserer verborgenen emotionalen Wirklichkeit, als notwendige Inszenierung. Wir bekommen also zu spüren, was uns da im Untergrund im Wege steht. Nur so können wir begreifen, was uns an uns selbst hindert. Würden unsere Ängste und andere Einschränkungen verborgen bleiben, gäbe es kein Wachstum darüber hinaus. Alle Schutzmechanismen blieben zeitlebens aktiv, alle Enge/Ängste vorhanden und damit wäre der Weg zu uns selbst, wie wir eigentlich gemeint sind, zeitlebens verbaut. In der begrifflichen, greifbaren Welt sehen wir demnach nichts anderes, als diese tief verborgenen, einschränkenden Überzeugungen unseres Selbst. Oder anders ausgedrückt: Wir leben unsere Einschränkungen fern ab von unserem Potential. Wir selbst haben uns diese Bühne geschaffen, um uns zu entdecken. Unsere innere verborgene Wirklichkeit ist offenkundig, greifbar und damit begreifbar geworden. **Wir lösen also unsere unbewussten Einschränkungen, indem wir uns den Herausforderungen des Alltags stellen.** Immer wieder lösen Situationen und Menschen Ängste in uns aus. Es kann nicht darum gehen, sich geschickt vor diesen Ängsten zu verstecken oder sie vermeiden zu wollen. Das war unsere kindliche Notlösung. Nur in der Begegnung mit ihnen lösen sie sich ganz von alleine auf. Wie man das macht? So wie das Kind, das sich abends davor ängstigt ins Bett zu gehen. Sicher hat sich jemand unter seinem Bett versteckt! Diese Angst weicht nur, wenn das Kind den Mut aufbringt, nachzuschauen, ob da wohl tatsächlich jemand unter dem Bett kauert.

„Wir erschaffen mit unseren unbewussten eingeschränkten Überzeugungen unseres Selbst unsere Realität, um unsere Ängste sichtbar zu machen?"

Ja, wir machen unsere latent wirkenden Grenzen sichtbar und können dann kaum glauben, dass sie unser „Seelenleben" spiegeln. Vor allem dann, wenn damit viel Schmerz und Verletzung einhergeht. Und dann geht das Spiel los. Doch wie völlig anders werden wir dieses Spiel spielen, wenn wir um diese Spielidee wissen! Jetzt geht es vorwiegend um Begegnung, Begegnung mit sich selbst im anderen, nicht mehr um Kampfansagen oder Opferallüren. Und wir begegnen uns immer offener und mutiger, weil jeder Mensch will schmerzfrei sein, ganz akzeptiert und nicht nur bedingt angenommen werden. Jeder will sich selbstbewusst und stark fühlen und in seiner Besonderheit erkannt und geschätzt werden. Kurz gesagt: jeder Mensch will sich selbst lieben können, will lieben und geliebt werden. Wir alle sind auf dem Weg nach Hause zu uns selbst.

„Als Du sagtest, es geht im Prozess darum, das Leben möglichst ohne Verstandeseinwände geschehen zu lassen, hörte das sich eher harmlos an. Nun habe ich doch arge Bedenken. Wenn Leben heißt, sich immer wieder bewähren zu müssen auf unbekanntem Gelände, das bis dahin so furchterregend war, dass wir riesige Schutzmauern errichtet haben, dann ist das alles andere als harmlos. Dein Apell zur Gelassenheit ist nichts anderes als Augenwischerei!"

Du meinst, das Spiel des Lebens an sich sei eine mühsame Quälerei, mehr Leiden als Freuden, mehr Frust als Lust?

„Wenn ich ständig den Gesichtern meiner Angst begegne, mir diese Fratzen genau anschauen soll bis sie sich in Luft auflösen, dann hat das wohl eher etwas von einer Geisterbahn, einem Gruselkabinett und weniger von einer Montgolfiade. Dann kann Leben gar nichts anderes sein als kräftezehrender nervenaufreibender Kampf, für den man seine Waffenausrüstung immer aktualisieren sollte. Und denkst Du wirklich, dass diese Botschaft es wert ist zu publizieren? Wenn dem tatsächlich so sein sollte, dann tätest Du der Menschheit mit Deinem Schweigen einen größeren Gefallen. Du bist schlimm, Annegret! Erst nimmst du den Menschen den Glauben daran, dass ihnen irgendetwas Leichtes, Angenehmes, Wundervolles im Leben begegnen kann. Danach sagst Du, dass wir statt Liebe nur Angst antreffen können und zuletzt nimmst Du ihnen das einzige, was sie noch aufrecht hält: die Hoffnung. Du solltest den Menschen besser ein taugliches Glaubenskonstrukt liefern oder ähnliches „Opium fürs Volk". Damit tätest Du ihnen einen größeren Gefallen, als mit der detaillierten Erklärung ihrer misslichen Lage, aus der allenfalls der Tod einen Ausweg schafft. Oder habe ich da etwas falsch verstanden?"

Vielleichts tut´s auch eine Portion schwarzer Humor? Du bist ja richtig warm gelaufen! Den Rückschluss, den Du leicht verärgert ziehst, ziehen wohl die meisten Menschen.

Sie empfinden alles als Kampf, jede Idee von Sinnhaftigkeit des Lebens als Gaukelei einiger für einige, die den ganzen Irrsinn sonst nicht ertragen. Und genauso stellt sich unsere Wirklichkeit dar und fühlt sich so an. Was Du beobachten kannst sind die verschiedensten Versuche, in einem frustrierenden Wirklichkeitsmodell doch noch irgendwie ein wenig Spaß und Glück zu erlangen: ein bisschen Geld, ein schönes Haus, ein paar gute Freunde, eine verlässliche Partnerschaft, genügend Sex, hin und wieder mal einen Urlaub. Wenn Du wirklich glaubtest, dass das alles ist, wenn Du nicht genau spürtest, dass diese eingeschränkte Betrachtungsweise des Lebens keinesfalls ausreicht, um wenigstens 70 Jahre die Balance auf diesem Planeten zu halten, dann hieltest Du nicht dieses Buch in der Hand und hättest Dich vor zwei Minuten nicht geärgert.

„ Ja, ja. Mach´s nicht so spannend! Wie kommst Du aus dieser Nummer wieder raus?"

Welche ist Deiner Meinung nach die größte Angst des Menschen?

„Das dürfte je nach Altersphase unterschiedlich sein."

Mag´ sein. Was ist Deine größte Angst?

„...... hmm ..... es ist die Angst irgendwann zu sterben mit dem Gefühl, mein Leben nicht gelebt zu haben."

Wie wird es wohl aussehen, wenn diese Angst Dir im Außen begegnet?

„Es ist, als ob ein Schatten des Zweifels sich in alles einmischt, was ich tue. Die Menschen, die in meinem Leben vorkommen, sehen mich nicht wirklich und das fühlt sich schrecklich einsam an. Wenn ich dem grauen Alltag Farbe beimische, so verblasst doch wieder alles, so dass es der Mühe nicht wert war. Wenn ich aber nahe dran bin die Hoffnung zu verlieren, dass auch alles anders sein könnte, wenn Schmerz und Enttäuschung mich quälen und nicht nur mich, sondern auch alle um mich herum, dann bin ich des Spielchens müde und denke immer mehr darüber nach, in den Momenten, in denen ich mich fast nicht mehr spüre, einfach nicht mehr mitzuspielen."

Du willst Dir das Leben nehmen? Dann tue es, bevor Du stirbst, denn beenden kannst Du das Leben vermutlich nicht. Selbst der Tod scheint nur eine Veränderung zu sein, ähnlich radikal wie die Geburt. Deine größte Angst ist, wenn ich das mal auf den Punkt bringen darf, die Angst vor dem Leben selbst. Und nun, da Du Dir das Leben anschaust, was passiert mit dieser Angst?

II. Die Ouvertüre des Lebens

„Ich zweifle nicht mehr so sehr an mir, sondern an dem Spiel. Ich bin mir aber nicht sicher, ob sich das besser anfühlt. Ich habe auch die Ahnung, dass die anderen Spielfiguren mich nicht mehr aufregen. Ich fühle mich deren Spielchen irgendwie abständig. Ich kann mir sogar vorstellen, dass mich deren Machenschaften - derart betrachtet - eher belustigen, was etwas seltsam Versöhnliches hat. Ob mein Alltag bunter wird, das bezweifle ich. Es ist aber sehr beruhigend zu wissen, dass ich erst gar keine Farbtöpfe mehr zu kaufen brauche. Ich sehe mich irgendwie planlos am Boden liegend, schaue in den Himmel und sehe dem Zuge der Vögel zu. Ob es sich dabei um Resignation oder Gelassenheit handelt ... da bin ich mir noch nicht sicher."

Spürst Du den Boden unter Dir? Riechst Du den Duft der Gräser? Merkst du, wenn der Wind Dich streift, fühlst Du die Freiheit der Vögel?

III. Die Symphonie des Lebens

„Wie kannst du Dir so sicher sein, dass Du nicht nur ein in sich stimmiges Gedankengebäude errichtet hast, so wie alle Verrückten das tun, die unter einem kompletten Realitäts-verlust leiden?"

Fühlt es sich für Dich so an?

„Du sprichst mir zugegebenermaßen oft aus der Seele. Anderes klingt äußerst befremdlich, aber irgendwie durch-weg logisch."

Ich bin in meinem Leben in den entscheidenden Momenten meinem Herzen gefolgt. Mein Kopf fand schon als Kind vieles widersprüchlich und fraglich und es drängte mich danach, mehr vom Leben zu verstehen. Zunächst interes-sierte mich, wie Zusammenleben funktionieren kann. Mein ganzes Leben lang habe ich sozusagen in Familien und de-ren Geschichten herumgekramt. Ein Schlüsselinstrument kam mir dann mit Prof. Dr. Ulrich Oevermanns Objektiver Hermeneutik zu. Diese sozialwissenschaftliche Methode folgt dem realen Prozess des Lebens und hat mich derart in tiefe Verstehens-schichten katapultiert, dass ich aus dem Staunen bis heute nicht mehr herauskomme. Es ist sicher nicht zu gewagt, ihn als den „Heisenberg der Soziologie" zu bezeichnen. Plötzlich wurden sämtliche Zusammenhänge sichtbar, Zusammenhänge zwischen Menschen und dem, was sich in ihrem Leben ereignet. Zusammenhänge zwischen den Denkmustern und Handlungsmaximen kleinster Systeme und ihrer Parallelität auf gesamtgesellschaftlicher Ebene. Plötzlich ergänzten und vereinten sich meine Erkenntnisse mit denen anderer Wissenschaften, die mir zugänglich waren und mir kam vor, dass wir alle dasselbe erkannt hatten, jeder auf seinem Weg, mit seinen Methoden, in seiner Sprache. Mein Kopf bekam alle Antworten, wonach mich meine Seele drängte. Und alle Antworten wären nichts wert gewesen, hätte ich nicht – neugierig wie ein kleines Kind – schrittchenweise ausprobiert, ob das alles tatsächlich stimmt. Jetzt stand mein Kopf meiner Seele nicht mehr als warnender Angstschrittmacher im Weg. Ganz im Gegenteil!

Kopf und Seele, ratio und emotio, **Verstand und Gefühl im Einklang sein lassen und der Sehnsucht ehrlich folgen**, - dieser Prozess bringt neue Überzeugungen hervor aus denen sich eine andere Wirklichkeit manifestiert.

Also, ich erlebe: es funktioniert, weil es sich lebendiger, freier und liebevoller ereignet. Mit jeder Erfahrung, die mich meinem alten Wirklichkeitsverständnis entwachsen lässt, in das wir alle in dieser Zeit und in dieser Kultur hineingeboren wurden, komme ich in eine seltsam entspannte und gespannte innere Balance, in einen Frieden, den man sonst wohl nirgendwo finden kann.

„Und wenn das nur bei Dir funktioniert? Wenn das alles aus irgendwelchen Gründen nur Deine Wahrheit ist?"

Und jetzt sitzen wir beide vor dieser Wahrheit, wir sind nur auf einem ganz unterschiedlichen Weg zu ihr gelangt.

„Ok. Dann bitte nochmal in gekürzter Zusammenfassung: Wie funktioniert Leben? Was will das Leben von mir und was kann ich von ihm erwarten? Welchen Sinn hat Leben und wie krieg ich Spaß daran?"

Jetzt übertreib´ mal nicht. Auch ich habe nur einen Einblick in das Spiel, von vielem auch nur eine Ahnung. Doch eines scheint deutlich zum Spiel selbst dazuzugehören: Wir können uns unmöglich den ganzen „Spielplan" mit allem was dazu gehört aus einer Metaebene anschauen. Dann wäre das Spiel sozusagen schon beendet. Das Spiel scheint ja geradezu darin zu bestehen, das Spiel zu entdecken, seine Regeln zu erkennen.

„Und wer gewinnt dabei?"

Alle die mitspielen!

„Welchen Sinn soll das haben?"

Der Sinn des Spiels besteht im Spielen. Ist das nicht bei allen Spielen so?

„Ich hätte auch schon einen Namen dafür. Wie wäre es mit ´Mensch ärgere Dich nicht´ oder mit ´Verstehen Sie Spaß´?

Gute Idee! In jedem Fall ist es ein Abenteuerspiel, in dem es nur so scheint, als ob vieles dem Zufall überlassen wäre. Entdecker, Erfinder und Humoristen tun sich beim Spielen deutlich leichter als Strategen.

Aber nun in ein paar Sätzen den bislang erkannten Spielverlauf:

Wir kommen in einem unbewussten Zustand auf den Plan. In einer Art Selbstvergessenheit folgen wir den bewussten und unbewussten Vorstellungen unserer Bezugspersonen, also in aller Regel denen unserer Eltern. Damit wird unser Potential naturwüchsigerweise beschränkt. Genau dann, wenn wir in der Lage sind, ohne eine bis dahin orientierungs- und haltgebende Begrenzung weiter zu gehen, spüren wir in uns eine Sehnsucht, das auch zu tun. Je selbstverständlicher wir dieser Sehnsucht folgen, umso störungsfreier begegnen wir nach und nach unserem vergessenen Potential. Hören wir aber nicht auf unsere innere Stimme oder anders gesagt, auf den Ruf des Lebens, dann werden die Grenzen immer starrer. Entweder platzt uns dann irgendwann der Kragen, oder wir arrangieren uns solange innerhalb dieser Mauern, die immer gewaltiger zu werden scheinen, bis sie uns definitiv erdrücken. Lebendig begraben! Wie ich schon sagte, spiegeln sich unsere Begrenzungen in unserer gesamten Wirklichkeit. Wir erschaffen diese geradezu, um unsere Schranken zu erkennen. Wenn wir die Herausforderungen im Außen annehmen, uns ihnen mutig stellen, spüren wir unmittelbar die innere Befreiung. Jede Herausforderung ist deshalb ein Geschenk. Suche in allen Schwierigkeiten das Geschenk. Damit befindest Du Dich jenseits der Vorstellung, dass etwas nicht gut für Dich sein könnte. Du bewertest Menschen und Ereignisse nicht mehr, sie sind, was sie sind: Befreiungsgehilfen. Parallel dazu stellt sich Vertrauen in einen perfekt funktionierenden Lebensprozess ein. Du weißt schließlich, dass Dich nur treffen kann, was Du Dir unbewusst erschaffen hast. Alles dient Deiner Erkenntnis über Deine Begrenzungen und bietet gleichsam die Chance, über diese hinauszuwachsen. Du fragst Dich nicht mehr ängstlich: Ist das so gut für mich? Mache ich etwas falsch? Wie kann ich diese oder jene Situation vermeiden? Wie mache ich mit diesem Menschen Schluss? Du bist nicht mehr auf der Hut davor, dass Dich irgendetwas auf dem falschen Fuß erwischen könnte. Genauso wenig bist Du im Stress der Aufrüstung Deines Egos, das kampfbereit sein will, wenn die unvermeidbaren Schwierigkeiten doch eingetreten sind. Ich darf an dieser Stelle noch mal den radikalen Typen aus Nazareth zitieren, der das so ausdrückte:

´Seid nicht besorgt für euer Leben, was ihr essen oder trinken werdet, noch für euren Leib, was ihr anziehen werdet. Ist das Leben nicht mehr als die Nahrung und der Leib mehr *als die Kleidung? Betrachtet die Vögel des Himmels, wie sie weder säen noch ernten, noch in die Scheunen einsammeln; denn euer himmlischer Vater nährt sie. Steht ihr nicht weit höher als sie? Wer von euch kann durch sein Sorgen zu seiner Leibeslänge auch nur eine Elle hinzufügen? Und was seid ihr um Kleidung besorgt? Betrachtet die Lilien des Feldes, wie sie wachsen! Sie arbeiten nicht, spinnen nicht; und dennoch versichere ich euch, dass nicht einmal Salomo trotz all seiner Herrlichkeit gekleidet war wie irgendeine von ihnen. Wenn nun Gott das Gewächs des Feldes, das heute steht und morgen in den Ofen geworfen wird, auf solche Weise kleidet, wievielmehr euch, ihr Glaubensschwachen; Sorgt euch also nicht, indem ihr fragt: Was werden wir essen? Was werden wir trinken? Was werden wir anziehen? Kümmert euch vor allem um das Reich Gottes und sein heil; denn alles Übrige wird euch hinzugegeben werden. Sorgt euch also nicht um den morgigen Tag; denn der morgige Tag wird für sich selbst sorgen. Es genügt jedem Tag seine Not.´ (Mt. 6, 25-32)*

Das Leben sorgt für Dich.

´Wer würde, wenn ihn sein Kind um Brot bittet, ihm einen Stein reichen, oder wenn es um einen Fisch bittet, ihm eine Schlange geben? Wenn nun ihr, die ihr Sünder seid, euren Kindern gute Gaben zu geben wisset, um wievielmehr wird euer himmlischer Vater Gutes denen geben, die ihn darum bitten? ´ (Mt. 7, 9-11).

Du vertraust also in den Prozess des Lebens, in die unbegreifliche Synchronizität dieses Gesamtzusammenhangs und traust Dir selbst zunehmend mehr. Du beobachtest Deine Wirklichkeit immer bewusster, ohne Dich einzumischen. Du beobachtest Dich immer bewusster und lebst immer ehrlicher aus Deinen unmittelbaren Empfindungen heraus. Du haderst nicht mit Dir selbst, zweifelst nicht an Dir oder bis unzufrieden mit dem, was Du Dir im Leben bietest, sondern nimmst das Leben an, nimmst Dich selbst an, liebst Dich selbst. Nichts bleibt ungetan! Bitte stell' Dir die Menschen, die derart auf dem Weg zu sich selbst sind, nicht als faule Nichtstuer vor, es sind die engagiertesten, motivierendsten Menschen, die so sind. Und warum ist das so? Sie haben Selbsterkenntnis und sind deshalb sehr mitfühlend. Sie haben Selbstvertrauen und begegnen deshalb anderen ohne irgendeine Maske. Sie haben Selbstbewusstsein und sind deshalb für viele mutmachend und richtungsweisend. Sie lieben sich selbst und empfinden jeden anderen als Teil eines gemeinsamen Selbst. Man ist einfach gerne mit ihnen zusammen, v.a. deshalb, weil diese Menschen andere in keinster Weise benutzten, sondern jeder so sein darf, wie er es gerade braucht. Diese Menschen lassen sich nie zum Opfer oder zum Täter anderer machen. Sie grenzen niemanden ein und lassen sich nicht eingrenzen.

Dem Lebensprozess geht demnach um Selbsterkenntnis, Selbstvertrauen, Selbstbewusstsein und Selbstliebe. Es scheint so, als ob jede Situation ein Übungsstück in diesen Disziplinen ist. Es ist der Prozess, der Dich wieder Nachhause bringt, zu Dir SELBST in Deiner gesamten Omnipotenz der Potentialität. Du wirst zunehmend bewusster, vertrauter, erkennender und liebender aus Deiner Omnipotenz leben, alles ist möglich. Du wählst, wie Du sein willst und bist es einfach. Das ist der wahre Reichtum. Oder wenn Du so willst: das ist das Reich Gottes, nach dem du zuerst trachten solltest.

„Ach ja, so einfach ist das!"

Irgendwie ja, ich sagte nicht, dass es simpel ist.

'Das ganze Leben ist eine Suche nach dem Zuhause, für Vertreter, Sekretäre, Bergarbeiter, Bienenzüchter, Schwertschlucker, für uns alle. Alle rastlosen Herzen dieser Welt versuchen einen Weg nach Hause zu finden. Es ist schwierig zu beschreiben, was ich damals fühlte. Stellen Sie sich vor, sie irren tagelang durch ein dichtes Schneegestöber. Sie wissen nicht einmal, ob sie im Kreise herumlaufen. Sie spüren nur die Schwere ihrer Beine im dichten Schnee. Ihre Hilferufe verhallen ungehört im Wind. Wie klein fühlt man sich dann? Wie weit weg kann dann das Zuhause sein?

Zuhause: Das Lexikon definiert es sowohl als Ort der Herkunft, als auch als ein Ziel- oder Bestimmungsort.... Und der Sturm, der Sturm verweht auch meine Gedanken. Oder wie es Dante ausdrückte: Gerade in der Mitte meiner Lebensrei-

se befand ich mich in einem dunklen Walde, weil ich den rechten Weg verloren hatte.`(aus: Patch Adams)

Wie sieht es bei Dir aus, stehst Du im Schneegestöber? Zeigst Du ein bisschen Begeisterung, wenigstens einen Anflug von Erregung? Oder ist auch Dein Verhältnis zum Leben so leidenschaftlich wie das zweier Kohlmeisen? *´Ich wünschte mir, dass es Dich richtig erwischt, dass Du wie auf Wolken gehst. Ich will, dass Du vor Verzückung singst und tanzt wie ein Derwisch. Ich will, dass Du vor Glück zerspringst oder zumindest offen bist dafür. Es klingt kitschig, das ist mir schon klar, aber Liebe (= Leben) ist Leidenschaft, Hingabe, ... ohne (die) man nicht leben kann.´* Wie man das macht? *´Vergiss den Verstand und hör´ nur auf Dein Herz .... Du musst es versuchen, denn wenn Du es nicht versuchst, hast Du Dein Leben nicht gelebt ... Also, sei offen`. (aus:* Rendezvous mit Joe Black)

„Wo Du es gerade andeutest, was ist eigentlich mit Sex? Oder gehört Sex nicht zur Symphonie des Lebens? Du sagtest, jeder Mensch will geliebt und begehrt werden. Heißt das so viel wie: jeder will guten Sex?"

Ja, alles scheint sich darum zu drehen, muss wohl ganz etwas Wichtiges sein!

„Ist das alles, was Du dazu sagen kannst?"

Kleiner Schmäh! Ohne Sexualität sterben die Spielfiguren aus und das Abenteuerspiel Leben ist vorbei. Der globale Verzicht auf Sex wäre also für das Leben nicht zuträglich, ganz im Gegenteil. Da kriegt man doch schon den Verdacht, dass es sich hier um eine Sache mit äußerster Tragweite handelt. Selbst wenn wir die Erzeugung von Embryonen gänzlich in vitro verlegten, wäre die Menschheit ohne Sex auch zu keiner anderen Bewegung in der Lage. **Sex ist die Energie des Lebens selbst**. Ohne Sex geht Dir die Kraft aus, erlischt jedes Feuer in Dir. Wie auch immer Du diese Energie nennst, diese „Mutter aller Energien", wenn Du sie nicht im Sex auf den Höhe-Punkt bringst, verlierst Du die Kraft und den Mut, den es für das Spiel des Lebens braucht.

Alle Prinzipien des Lebens sind in diesem heiligen Moment der sexuellen Vereinigung präsent und das umso deutlicher, je befreiter wir sind.

Sex ist die **Verbindung zweier Polaritäten**. Wir erfahren, dass nur durch die Verbindung von Polaritäten Neues entstehen kann.

Ekstatisch bewegt einer den anderen aus purer Lust. Nicht um den anderen zu gebrauchen, nicht, um ihn zu belehren, - nein! einfach deshalb, weil es so geil ist. Das ist ein weiteres wesentliches Prinzip des Lebens!

Der eine erfühlt den anderen, spürt achtsam dessen Grenzen und bewegt sich zärtlich an denselben. Auch das ist ein

Prinzip des Lebens und leben sollten wir doch nicht nur „im Bett"?

Ganz beim anderen zu sein, ihm gut zu sein, und sich darin gleichermaßen selbst zu spüren. Ein erfahrbares Prinzip des Lebens und gleichsam das, was „guten" Sex ausmacht!

Geben, indem man annimmt/aufnimmt und nehmen, indem man gibt. Dass dies nichts Widersprüchliches ist, sondern ein geniales Prinzip des Lebens, erfahren wir beim Sex.

Und dann der Moment/das Prinzip der höchsten **Anspannung, die sich in Entspannung auflöst**: der Orgasmus. Es geht im Leben nicht darum, in Hochspannung zu bleiben oder ständig entspannt zu sein. Energie fließt nur im Zusammenspiel von Anspannung und Entspannung, Kommen und wieder gehen lassen. Leben ist eine fließende Bewegung. Derjenige, der einen Aspekt des Lebens pointiert und diesen womöglich auch noch festhalten will, verkennt das Prinzip. Dieses krampfhafte Festhalten zerstört jeden schönen Moment, nicht nur beim Sex.

„Weshalb ist dann alles so kompliziert gemacht worden, was mit Sex zu tun hat? Mir kommt vor, es ist schon sündhaft, darüber zu reden, ganz zu schweigen davon, seinen diesbezüglichen Wünschen freien Lauf zu lassen. Ich kenne kein größeres Tabuthema, um das gleichzeitig so viel herum moralisiert wird. Haben wir das Leben tatsächlich schon so gründlich verlernt? Du hast recht, mit dem Verlust der Lust an Sex, schwindet die Lebenslust."

Nimm den Leuten die Sexualität, so machst Du sie zu Marionetten. Das Leben wird zum Puppenspiel, in dem nur einige wenige die Fäden in der Hand haben. Mir scheint auch, nichts wurde ausgelassen, um die Sexualität zu verdammen oder zu verblöden. Der ganze Kampf zwischen Männern und Frauen, den ich in sämtlichen Variationen auf- und niederanalysiert habe, ist letztlich ein Kampf um Sexualität, um Lebensenergie, die sich selbst oder dem anderen aus vielerlei Gründen versagt wird. Es ist ein Kampf, in dem es keine Gewinner gibt. Zurzeit scheinen die Menschen sämtliche Unterschiede zwischen Männern und Frauen einfach negieren zu wollen.

„Vielleicht hat dann die Streiterei ein Ende?!"

Die Männer werden immer weiblicher, die Frauen immer männlicher. Damit ist die Gesamtentwicklung des Geschlechterkampfes in eine Phase getreten, die man im Krankheitsgeschehen auf körperlicher Ebene als Krebs im Endstadium diagnostizieren würde. Schau nur genau um Dich, schau´ in sämtliche Lebens-Bereiche, dann weißt Du, dass ich nicht übertreibe. Eine Kultur im Untergang, weil sie sich selbst kastriert hat. Eine Kultur, die Sexualität eher als eine Art Energieverschwendung sieht, niemals aber als die Quelle ebendieser. Mit der Eingrenzung der Sexualität ist es

zu vielen schmerzlichen Verletzungen gekommen, zu zahlreichen verletzenden Kompromissversuchen, irgendwo
doch noch ein bisschen Energie abzuzapfen. Ich könnte
damit ein ganzes Buch füllen.

„Dann hilft uns wohl nur noch ein Wunder! Die Menschen
spielen halt nicht gerne!"

Dann lass´ uns damit anfangen.

„Und wie soll das gehen, wenn niemand sonst mitspielt?"

Lass´ Dich davon nicht entmutigen. Du kannst entscheiden
zu leben, so wie Du willst. Selbst wenn alle anderen anders
tun, bleibt es Deine Entscheidung ihnen gleich zu tun oder
nicht. Mit Deiner Entscheidung fängt alles an. Es muss Dir
egal sein, ob andere Deinem Weg folgen oder nicht. Wenn
Du zurück schaust, rücksichtsvoll bist, wirst Du stehen bleiben müssen, um nicht zu stolpern. Wem würde das dienen?
Lebe Dein Leben und es ist unvermeidbar, dass Du andere
anrempelst, an ihre Grenzen und in Bewegung bringst. Darin besteht eine echte Chance. Wenn Du anderen derart
authentisch begegnest haben sie eine Chance, weil Du in
ihnen etwas wach rufst, nach dem sie sich schon lange seh-
nen, Du erinnerst sie an das, was in ihnen schon lange lebendig werden will. Es ist eine Chance! „Lieben gegen den
Hass,... Lachen gegen den Ernst,... Trotz als tägliches Brot
zum Überleben,... Deine Stimme erheben und singen,...
Gegensätze in Einklang (zu) bringen, Segeln gegen den

Sturm, in der eisigen Luft des Alleinseins den Duft der Freiheit riechen", so rät uns Udo Jürgens in seinem Lied „Die Welt braucht Lieder". So rate auch ich Dir!

„Ich merke wie schwer es mir fällt, das nicht rücksichtslos und egoistisch zu finden."

Ist das Dein tiefes unmittelbar erstes Empfinden, oder eher eine Befürchtung, die sich blockierend Deiner unmittelbaren Gewissheit in den Weg stellt und Dir Angst macht, tatsächlich dem Herzen zu folgen? Dieses „Ja, aber ..." transportiert lediglich Deine alten Überzeugungen. Ja, wenn diese funktionieren, dann folge ihnen, wenn nicht, dann ignoriere sie. Aus dem Verstand leben heißt, das ewig Gestrige zu reproduzieren; Zugriff in das Reich der Möglichkeiten hat nur das Herz.

´ Wenn ich die Sprachen der Menschen und der Engel redete, aber die Liebe nicht besäße, wäre ich nur ein tönendes Erz und eine klingende Schelle. Und wenn ich die Gabe der Weissagung hätte, und alle Geheimnisse wüste und alle Erkenntnis besäße, und wenn ich einen so vollkommenen Glauben hätte, dass ich Berge versetze, hätte aber die Liebe nicht, so wäre ich nichts. Und wenn ich mein ganzes Vermögen verteilte und meinen Leib zum Verbrennen hingäbe, hätte aber die Liebe nicht, nütze es mir nichts. ´ (Korinther 13, 1 – 3)

IV. Ja, aber…. da hätte ich noch eine Frage

„Ja, aber das hat man uns nicht gesagt, daran glaubt doch keiner. Ganz im Gegenteil: Gut beratschlagt sei man, wenn man seine Gefühle im Griff habe. Diese mischten sich nur störend ein in einen notwendigen rationalen Lebenslauf. Wo kämen wir denn da hin? Wenn wir z. B. zu lange trauern um den Tod eines geliebten Menschen, halten uns die anderen nicht aus und schicken uns zum Psychologen. Notfalls müssten wir mit Hilfe von Medikamenten Emotionen lahm legen. Wie lange würde der Arbeitgeber meinen Krankenstand ertragen, welche Existenznöte täten sich bei mir auf, hätte ich das fixe Einkommen nicht? All die fixen Verpflichtungen, allen voran die Ratenzahlungen für das Haus. Wie könnte ich das Zuhause meiner Kinder aufs Spiel setzen? Und auch meine Kolleginnen und Kollegen, - ich würde sie mit meinem langen Funktionsausfall extrem belasten, da sie meine Arbeit mittun müssten. Nein, so würde Liebe sicher nicht entscheiden. Aus Liebe sollte man sich schnell funktionstüchtig machen, den anderen nicht zur Last fallen und sich nicht in existentielle Schwierigkeiten bringen.

Auch das Gegenteil von Traurigkeit ist nicht erwünscht: Exzessiv glücklich solltest Du auch nicht sein. Wie herzlos wäre das denn? Du lachst Dich schlapp, während neben Dir jemand vor Sorgen nicht schlafen kann? Du lässt kein Ver-

gnügen aus, während Dein Partner sich so verantwortungs-
bewusst um alles kümmert?

Findest Du nicht auch, dass diese Einwände ihre Berechtigung haben? Muss sich nicht jeder ein Stück weit zusam-
menreißen, damit Zusammenleben funktionieren kann?
Sind Kompromisse mit den eigenen Bedürfnissen im Interesse der Gemeinschaft nicht unabdingbar? Geht allgemei-
nes Wohlbefinden nicht vor eigennützige Emotionen?"

Das klingt alles sehr aufopferungsvoll und vernünftig. Auf
diesem Weg wird man am Ende sicher heiliggesprochen.
Dennoch hat er in der Geschichte stets nur für ein Leben
unter der Käseglocke gereicht, wo es bald schon ordentlich
gestunken hat. Es ist der Versuch, Harmonie zu machen. Es
ist die Vorstellung, dass Einschränkung befreien kann.
Wenn Du Unaufrichtigkeit säst, wie könnte Richtigkeit er-
blühen? Wenn Du Dich selbst nicht sein lässt, erwartest
und verpflichtest du andere ebenso zur Selbstverkürzung.
An dieser Stelle geht der unterschwellige Kampf schon los.
Jeder muss sich in diesem Modell einschränken, damit es
funktioniert. Es muss ständig an die Vernunft appelliert
werden. Da es aber auch unvernünftige Menschen gibt,
braucht es ein kontrolliertes Regelwerk mit klaren Abstra-
fungsmaßnahmen. „Und willst du nicht vernünftig sein,
dann schlag ich Dir den Schädel ein." Dass dieses Modell
nicht funktioniert, beweist die Geschichte, da brauchst Du
nur die letzten hundert Jahre anzuschauen. Mit der ständi-

gen Vermehrung der persönlichen emotionalen Grenzen zum Dienste der Allgemeinheit, fühlen sich die Menschen schwächer und leerer. Mit derart vakuumierten, entautonomisierten Menschen läuft die Sache im Großen und Ganzen zunächst recht reibungslos. Schauen wir uns nur an, wie erfolgreich wir zivilisierten Völker die ganze Wirtschaft vorangetrieben haben. Und andere Völker könnten sich daran mal ein Beispiel nehmen, bräuchten doch nur fleißig zu sein und sich mal ein bisschen zusammen zu reißen. Nur seit einiger Zeit tauchen da ein paar Problemchen auf, an allen Ecken und Kanten. Diese Art von Stabilität, erkauft durch angstschürende Eindämmung jeglicher Kreativität und Flexibilität, bröckelt. Wenn Bewegung und Veränderung als bedrohlich empfunden werden, stagniert das Wachstum. Schau Dir nur die Wirtschaftslage an, die hilflosen Klimmzüge unseres Bildungssystems, die Probleme unserer Versicherungssysteme etc. Es sprießen andererseits Wohlstandskrankheiten und andere psychische Symptome des seelischen Widerstands.

Aber schauen wir uns die Sache im Kleinen an, wo auch die Ursachen für diese globalen Entwicklungen zu finden ist: Wenn Du traurig bist, dann bist Du daran gehindert mit voller Kraft den Alltag zu bewältigen. Wozu sollte das gut sein? Es scheint manchmal so zu sein, dass unsere Psyche „Pausen" braucht. In der Traurigkeit sind wir uns oft am nächsten, da sie uns komplett auf uns zurück wirft. In dieser Phase des Abseits, des inneren Chaos, würde jeder gerne möglichst schnell wieder Ordnung schaffen. Doch niemand weiß so genau, wie das gehen kann. Es ist ein Zustand, den niemand mag, der schwer zu ertragen ist, ein Heilungsprozess, der seine Zeit braucht, aus dem wir aber zumeist gestärkt hervorgehen. Du kannst das durchaus mit Verletzungen und Heilungsprozessen auf körperlicher Ebene vergleichen. Heilungsprozesse sind letztlich immer Prozesse des Immunsystems, sie sind grundsätzlich Selbstheilungsprozesse, die wir in irgendeiner Form zu unterstützen suchen. Alle Störungen des Selbstheilungsprozesses, erst recht dessen Ignoranz, führen zu einer Verschlimmerung, die sich nicht länger ignorieren lässt. Ohne hinreichend die Ursachen vom Krankheitsgeschehen zu verstehen, ohne zu wissen, wie der Prozess der Selbstheilung tatsächlich funktioniert, werden wir nun aufmerksamer beobachten, was uns gut tut und was nicht und tunlichst dafür Sorge tragen, dass wir all das haben, was wir brauchen. Derjenige, der Symptome unterdrückt, wird nicht gesund. Der Arbeitgeber, der diese Unterdrückung verlangt, wird in absehbarer Zeit lustlose und leistungsschwache Arbeitnehmer haben und diese rechtzeitig austauschen müssen, wenn das Unternehmen leistungsstark bleiben soll. Der Arbeitgeber, dem am Wohl seiner Arbeitnehmer gelegen ist, wird alles ihm Mögliche dafür tun, dass es diesen gut geht. Dafür wird er ihnen das Maximum an Freiraum bieten und sie gleichzeitig in die Unternehmensverantwortung mit einbeziehen, z. b. mittels gleitender Arbeitszeit und Gewinnbeteiligung.

Für welchen Arbeitgeber würdest Du lieber arbeiten? In der Freiheit und Autonomie liegt die Stabilität, in einem System, das Vertrauen durch Zutrauen erzeugt und nicht durch Kontrolle.

„Vielleicht haben aber die meisten Menschen nicht solche Arbeitgeber und wollen ihre Situation nicht durch Arbeitslosigkeit verschlimmern, deshalb vermeiden sie auch notwendigen Krankenstand. Was sagst Du dazu?"

Wenn das mal bis zur Rente gut geht! Sag Du mir, welche Existenz soll so eigentlich gesichert werden?

„Das regelmäßige Einkommen natürlich, das allererst ermöglicht, dass ich frei und genussvoll leben kann. Ohne Moos nix los! Sag Du mir, meinst Du wirklich es ist Freiheit, wenn man zitternd und hungrig unter einer Brücke schläft, während die Kinder im Heim untergebracht sind, weil die Grundversorgung nicht mehr gewährleistet war? Diese Existenz muss gesichert sein. Die früheren Asketen und spirituellen Gurus kamen sicher auch nur deshalb in Höhlen und Fässern zurecht, weil sie keine Familie hatten. Mit einem Beutel voller Werte lässt sich nicht einkaufen, Ideale machen nicht satt und Liebe geht auch nicht durch den Magen."

Und du meinst wirklich, um das alles zu erreichen, muss man sich zusammen reißen, sich selbst Gewalt antun, keine

Mühen scheuen, richtig lospowern, jedes Mittel für Recht erklären, sich ausbeuten lassen und andere ausbeuten?

„Ich dachte, du bewertest nicht? Deine Ausdrucksweise ist ja geradezu vernichtend! Das ist Kapitalismus! Ich hatte gleich schon den Verdacht, dass Du dem Kommunismus zuredest mit Deinen anarchistischen Grundideen. Nun schau Du Dich in der Geschichte um und finde bitte ein Beispiel für funktionierenden Kommunismus. Die Freiheit des Kapitalismus besteht in der Wahl, in welcher Liga ich mitspielen will, das kann jeder für sich frei entscheiden. Willst Du mehr, musst Du halt mehr leisten und zunächst auch mehr Verzicht üben."

Du meinst: zunächst den Gürtel enger schnallen, um dann richtig abzusahnen. Ok, schon gut! Also, wo steckt der Fehler im System? Wie ich schon sagte: Er besteht darin, seine eigenen Gefühle zu ignorieren und zu tun, was man nicht will und nur selten das zu wollen, was man gerade tut. Eigene Gefühle zu ignorieren oder als falsch zu bewerten lernen wir schon, bevor wir sprechen können. Das passiert so früh, so selbstverständlich und unbewusst, dass wir es nicht einmal merken. Als Kind spüren wir unmittelbar, die Überzeugungen unserer Eltern, was sie tun ist das, was für das Kind zählt, daran ändert auch das raffinierteste didaktische Erziehungskonzept nichts. Eltern, die in ihrer Ehe unglücklich sind und dennoch aus „existentiellen Gründen" in dieser Enge (= Angst) bleiben, können ihrem Kind noch so oft sagen, dass es niemals seine Träume aufgeben soll. Es sind unsere Taten, die zählen. Mütter, die das Gefühl haben, auf vieles zu verzichten, weil sie alles für ihr Kind tun, verpflichten dieses letztlich zu einem Leben des Verzichts. ´Was habe ich nicht alles für Dich getan…´ Eine solche Rechnung engt das Kind mit zahlreichen unausgesprochenen Erwartungen ein und will es späterhin verpflichten. Der Vater, der nur für die Firma lebt, damit sein Sohn ein erfolgreiches Unternehmen in das nächste Jahrhundert führen kann, begräbt so manche Sehnsucht. Und sein Sohn steht im Türrahmen und sagt: ´Papa, ich weiß nicht, ob ich das will. Ich will mit Dir einen Drachen bauen, für sowas hast du niemals Zeit. Ich will mit Dir einen Drachen bauen, denn ein gekaufter Drachen fliegt nicht mal halb so weit` (Udo Jürgens). Was wird der Unternehmer empfinden, wenn er sterbend im Bett liegt und an seinen Sohn denkt, der heute sein Leben irgendwo in der Stadt lebt?

Wir gewöhnen uns das Fühlen und Träumen ab, weil wir damit unseren Eltern Schwierigkeiten machten, was uns unmittelbar wiederum Ärger einbrächte. Stell´ Dir vor, es gibt tatsächlich immer wieder solche Kinder, die an dem Ast sägen, auf dem sie sitzen. Diesen bescheinigen wir nicht Ehrlichkeit, Authentizität, Sensibilität, sondern ein AufmerksamkeitsDefizitSyndrom.

Unsere Eltern wissen genau, was das Beste für uns ist. Wenn sich das nicht gut anfühlt, stimmt etwas mit unseren

Gefühlen nicht. Tun wir aber gemäß ihren Vorstellungen, ernten wir Lob. Die klassische Konditionierung scheint zu funktionieren.

„ Wir unterdrücken unsere Gefühle, damit wir geliebt werden?"

Ja, und so machen wir das ein Leben lang. Danke. So wie Du das auf den Punkt bringst wird überdeutlich, dass daran etwas nicht stimmen kann. Liebe ist eben etwas ganz anderes! Aber darauf kommt man erst viel, viel, viel später im Leben! Unsere Existenz wäre in der Kindheit gefährdet, wenn wir nicht so täten. Und wen wundert´s jetzt? Erwachsen, nach gelungener Konditionierung, fühlen wir ebendiese Existenz bedroht, wir machen das nur jetzt an äußeren Dingen fest.

„Das macht die Sache ja noch schlimmer! Wir denken, unser Leben sei bedroht, wenn wir unserer Sehnsucht nachgeben, ehrlich zu uns selbst sind und dem Herzen folgen?"

Ein todsicheres Programm! Eine geschickt eingefädelte Strategie, eine perfekte Anleitung zum Unglücklichsein. Der „innere Kompass", der Sog des Lebens, sämtliche unbegreiflichen Impulse, - all das, was wir in uns tragen, um selbst in den Brandungen des Leben die Richtung zu halten, wird abtrainiert, verboten, verdammt. Wir verlieren die Richtung im Schneegestöber, fühlen uns hilflos und ausgeliefert, weil wir unserer inneren Stimme nicht trauen dürfen. Selbstvertrauen ist nicht erwünscht!

„Und Du meinst …"

Genau das meine ich. Wir landen in diesen Sackgassen des Lebens, in die unsere Konditionierung uns gelenkt hat und stehen da perplex an, um deutlich zu spüren, dass es so nicht geht. Diese Erfahrung benötigen wir. Wir brauchen den Schmerz der Leere, die Verzweiflung und das Gefühl der Sinnlosigkeit so lange und so massiv, bis wir davon überzeugt sind, dass auch unsere Hilferufe verhallen und wir so nicht weiter kommen. Es gibt an dieser Stelle des Lebens nichts mehr, was wir verlieren könnten. Unser Haus ist längst zum goldenen Käfig geworden, das Auto im Hof dient uns nicht mehr, denn es gibt keinen Ort zu dem wir fahren könnten, an dem wir uns nicht genauso hoffnungslos verloren fühlten. Der Besitz, für den wir unsere Gefühle verkauft haben, ist nichts wert, - schlimmer noch: Er lacht uns frech ins Gesicht.

„…wir haben dem ´Teufel´ unsere Seele verkauft!"

Und da ist sie wieder. Die Angst, unser Leben zu verlieren, die Angst des kleinen Kindes, das deshalb überlebt hat, weil es so „brav" geworden ist. In diesem Moment haben wir nur eine Entscheidungsmöglichkeit: Ich spucke auf die Angst oder ich ergebe mich ihr. Ich riskiere mein Leben oder verliere es sowieso. Ich nehme mir mein Leben oder ich werfe es weg. Braveheart versus Bravheit!

An dieser Stelle stehen wir! Du siehst, es geht nicht um banale Fragen wie: Welchen Weg soll ich wählen? Wird mir die Kraft wohl nicht ausgehen? Mit wem sollte ich weiter gehen? Es geht vielmehr um die Frage: Will ich überhaupt noch aus dem Labyrinth, und wenn ja, wie ist das prinzipiell möglich? Kann ich mir tatsächlich selbst vertrauen, alldem, was ich spüre? Riskiere ich es, in „Teufels Küche" zu landen?

„Die wäre dann sicher immer noch besser, als das Labyrinth. Scheint jedenfalls ein lebhaftes und warmes Örtchen zu sein!"

Das will ich wohl meinen! Mit der Entscheidung, das Spiel des Lebens mitzuspielen, ohne zu wissen, wie das genau geht oder welchen Sinn das alles haben soll, lediglich ausgestattet mit einer Ahnung davon und einem „Kompass", von dem ich noch nicht weiß, ob er tatsächlich funktioniert, beginnt nun das eigentliche Abenteuer des Lebens.

„Ohne Job, Haus, Auto, Urlaub, ..."

Ohne den Irrglauben, darin einen Reichtum zu finden. Ohne die Illusion, mit alledem erfolgreich und wertvoll zu sein. Aber, wenn Du willst, auf Deiner Veranda, mit einer Havanna im Mund, gemütlich und gelassen in dich spürend, was wohl als nächstes dran ist. Du wirst immer alles haben, was Du brauchst, wenn Du Dir selbst vertraust und mutig Deinem Herzen folgst.

„Eine kühne Behauptung! Mein Verstand sieht zwar die Notwendigkeit ein, endlich diesen „Kompass" zu benutzen, wenn ich noch einen Funken Lebendigkeit in meinem Leben erfahren möchte. Es hat auch eine bestimmte Logik, dass sich das Leben dann reichhaltig anfühlt und man deshalb nicht so viel Plunder benötigt. Aber ein luxuriöses Leben scheint nicht mehr drin zu sein."

Mein Verstand kommt da zu einem anderen Ergebnis: Mein Leben vorm Tag X war die kontinuierliche Erfahrung des Mangels, egal wie viel ich hatte, es reichte nie aus oder drohte nicht dauerhaft beständig zu sein. Ständig und dauernd musste ich kalkulieren, manipulieren, steuern, mehr leisten. Es ist ein Leben aus der Angst heraus, nicht auszureichen und deshalb immer mehr machen zu müssen. Es ist ein Leben des Misstrauens, sich selbst und allen und allem anderen gegenüber. Und aus dieser Überzeugung des Mangels erschaffen wir unsere Wirklichkeit. Das ist das, was uns die Quantenphysik lehrt. Vertrauen wir aber in uns selbst und gleichsam auf die Zugkraft des Lebens, dann fühlt sich das reichhaltig an und Du wirst diese Reichhaltigkeit ebenso im Außen erzeugen, da – wie ich ja bereits sagte – das Außen immerzu Deine tiefen Überzeugungen spiegelt. Udo Jürgens sagte in einem Interview sinngemäß: ´Ich wollte Musik machen, meine Musik. Entweder würde ich mit ihr auf- oder untergehen.´ Er spürte diese Kraft und Lust in sich, diesen inneren Reichtum, den er aus sich herausholen wollte, wo immer ihn das auch hinführte. Indem er authentisch das getan hat, was er spürte, hat er sehr viele Menschen nachhaltig begeistert und beschenkt. Es war ihm egal, was andere davon hielten, ob er die Erwartungen anderer damit enttäuschte. Er tat, was er tun musste. Und das funktionierte, weil er nie an seinem Weg zweifelte, nie etwas bereute, immer geradeaus ging zur nächst größeren Vision seines Selbst. Er wurde nicht reich, er war es bereits. Wie wir alle, doch die wenigsten leben ihre „Berufung". Zahlreiche seiner Texte drücken seine diesbezügliche Erfahrung aus. Sie sind eine wirkliche Anleitung zum Glücklichsein. Mitten im Leben konnten nur Freiheit und Liebe sein Ziel sein.

Also achte auf Deine Gefühle und betrüge Dich nicht selbst: Wenn Du traurig bist, sei traurig. Wenn Du fröhlich bist, sei fröhlich! Es gibt keine guten und schlechten, keine richtigen und falschen Gefühle. Sie sind die Verbindung zu uns selbst und zum Lebensprozess.

„Ja aber, wenn ich alle meine Gefühle und Gelüste schrankenlos auslebe, dann ist das mit Sicherheit für viele sehr verletzend. Darf ich unverschämt glücklich sein, wenn ich damit jemanden anderen unglücklich mache? Wo bleibt denn da das Mitgefühl?"

Mitgefühl ist die spürbare gelebte Verbindung, die auf der gemeinsamen Wirklichkeit beruht, die vor, neben und nach jeder Form der Manifestation unser aller Urgrund ist, unser Zuhause, aus dem wir kommen und in das wir vermutlich auch wieder zurück gehen, das wir auf irgendeine Weise nie wirklich verlassen haben. Diese Verbindung besteht immer, ob Du sie wahrnimmst oder nicht. Je mehr Du Dich als Teil dieser „spukhaften Schöpfungsebene" verstehst, umso deutlicher fühlst Du nicht nur Dein Selbst getragen und stabil verwebt, Du empfindest Dich, auf eine wohltuende liebende Art, mit allem verbunden, was ist. Du liebst all Dein Nächstes, wie Dich selbst, einheitlich, weil Du keine Trennung erlebst, nur Unterschiedlichkeit. Auch dieses Gefühl kennst du aus der sexuellen Verbindung. Ich bleibe ich und Du bleibst Du und trotzdem, nein gerade deshalb, entsteht das WIR, indem beide von sich absehen und einander sehen, spüren, bewegen. Und dann hast Du das Gefühl, die ganze Welt liegt Dir zu Füßen, nichts gibt es in diesem Augenblick, was Dich unversöhnlich stimmen könnte. Du könntest die ganze Welt umarmen. Wenn du ganz kon-zentriert bei Dir selbst bist, sozusagen in der Balance, die sich in der Dynamik findet, ganz in Deiner Mitte, dann bist Du in einem ebensolchen Maße ganz im Mitgefühl.

Alle Deine Gedanken und Taten bewegen unmittelbar das „Universum", das Leben selbst, mit allem drum und dran. Es ist unmöglich, diesen Effekt zu vermeiden. Die Welt soll offensichtlich in Bewegung bleiben. Jedes Agieren aus Deiner Kon-Zentration scheint dem Leben zuträglicher zu sein, scheint deutlich mehr zur Stabilisierung beizutragen, als das Mitflattern im Wind, gleich einem Fähnchen. Nur tote Fische schwimmen bekanntlich mit dem Strom. Zunächst mag es so ausschauen, als ob die „toten Fische" für Gleichgewicht und Harmonie sorgen, sie bringen jedenfalls die anderen Fische nicht in Schwierigkeiten oder in Gefahr. Leben bedeutet unvermeidlich: Den Gürtel enger schnallen und sich und andere in Schwierigkeiten stürzen. Keine Frage, dass das herausfordernd und manchmal unangenehm ist. Doch wenn Leben der Prozess ist, alles aus sich heraus zu holen, dann tun wir wohl gut daran. Nun habe ich mit meiner analytischen Arbeit folgende Beobachtung gemacht: Wie Du ja weißt, analysiere ich Familiengeschichten und das mindestens über vier Generationen. Es werden die latenten Entscheidungsmuster unserer Ahnen diagnostiziert und unbewusst treibende Handlungsmuster deutlich erkennbar. Es gibt Themen, mit denen anscheinend alle Menschen dieser Zeit und dieses Kulturraumes konfrontiert sind, wie aber jede Familie und deren Mitglieder die Herausforderung lösen, ist spannend. Sehe ich vom individuell konkreten Einzelfall ab, komme ich auf einer Vergröberungsebene zu allgemeinen Aussagen über verschiedene Lösungsmuster. Da gibt es Lösungsmuster, die eine deutliche Vorwärtsbewegung des Lebens in Gang bringen. Das Leben erblüht! Andere Muster scheinen dem Leben nicht zu gefallen, jedenfalls führt deren Reproduktion regelmäßig zu Entwicklungsstillstand, letztlich zum Aussterben der Menschen an ihren Themen. Da ich, wie bereits erwähnt, mir zig Einzelfälle im Laufe meines Lebens angeschaut habe, und die auftauchenden Entscheidungsmuster gründlich analysiert habe, kann ich doch mindestens mit einer wissenschaftlich überprüften und überprüfbaren gesicherten Erkenntnis aufwarten. Und eine der Kernaussagen dieser Erkenntnis ist Folgende: Das Leben findet in einem sinnvollen Zusammenhang statt. Sowohl das Leben des Einzelnen, als auch die Fortbewegung des Ganzen ist dann gewährleistet, wenn die Menschen sich aus ihrer Mitte heraus gegenseitig in Bewegung bringen. Ehrlich währt am längsten, auch wenn manche Wahrheit schwer zu vertragen ist. Wer aus sich heraus agiert, also authentisch lebt, tut einfach, was zu tun ist. Er tut es nicht, um andere für seine Interessen zu benutzen. Er tut es aus Liebe zu sich selbst, springt über jeden Schatten und jeden Zaun, wenn seine Welt ihm zu klein wird. Wer sich das selbst erlaubt, erlaubt es auch allen anderen. Leben und leben lassen! Für Veränderungsunwillige ist das ein Ärgernis, für Menschen, die noch nicht vom Kopf abwärts tot sind, ein Segen, für das Leben selbst sind es die Menschen, die den Evolutionsprozess vorantreiben. Menschen, die derart mit sich im Einklang sind, schließen irgendwann einfach ihre Augen und sagen sich: Ich würde es wieder tun, ich bereue gar nichts, ich habe alles erlebt, was ich erleben wollte: DANKE! Und letztlich denken alle gerne an diese Menschen mit Ecken und Kanten zurück, die so oft Reibepunkte für die anderen waren. An die Ja-hauchende leisetretende Inklinationsfigur denkt niemand: „Wer ist denn die Tote? Ich glaub´, die im Sarg ist es!" Sie haben im Leben nichts bewegt, weder sich selbst, noch die anderen, noch das Leben. Wenn sie sterben haben sie das Gefühl, ihr Leben gar nicht wirklich gelebt zu haben und wenn sie noch mal die Chance hätten, von vorne zu beginnen, dann würden sie alles anders machen: nie mehr so brav, lieber verrückt sein, keine Sünde aus-, und fünf auch mal gerade sein lassen. Vor allem würden sie sich Fehler erlauben. Sie erlaubten sich, nicht immer alles richtig machen zu müssen, richtig im Sinne von: wie man so tut! Dabei haben sie so gelebt, weil sie sich nicht schaden wollten und auch sonst niemanden. Sie hatten so fest vor, aus diesem Leben zu gehen mit der Gewissheit, das Minimum an Schaden angerichtet zu haben. Tatsächlich haben sie das Gegenteil bewirkt: permanent haben sie sich selbst geschadet, um zu entsprechen. Sie haben sich immer weiter zurück genommen und eingeengt, statt sich aus der Enge zu befreien. Gleichzeitig haben sie andere eingeengt, weil sie die Einengung als notwendiges Prinzip des Zusammenlebens einforderten. Damit haben sie also auch andere um ihr Leben gebracht, also ihnen das Leben erschwert, statt erleichtert. Und das Leben selbst scheint sich derartiges 4 Generationen lang anzuschauen um dann zu entscheiden: Unzuträglich, - Dinos sterben aus!!!

Wer von diesen Menschen ist nun mehr im Mitgefühl?

„Ja, verstehe! Das mit den 4 Generationen finde ich interessant! Was genau beobachtest Du da? Wie kann es sein, dass wir an Themen, die unsere Urgroßeltern irgendwie auf die Reihe gekriegt haben, scheitern?"

Diese Themen wiederholen sich nachweislich, als Eingrenzung für die nächste Generation. Weil es eben nicht im Leben darum geht, sich dauerhaft innerhalb von Grenzen zu bewegen. Leben will sich ganz offensichtlich frei entfalten können. Wenn es den Urgroßeltern gelungen ist, sich innerhalb der Grenzen mit Hilfe von Kompromissen zu arrangieren, so fällt das den Großeltern schon deutlich schwerer. Ihr Leben ereignet sich immer aufdringlicher an diesen Mauern, so dass die Kompromisse ihrer Eltern kaum mehr fruchten. Die Ratschläge der Urgroßeltern funktionieren nicht, was die Großeltern zunächst in Selbstzweifel stürzt, ob sie diese wohl nicht gut genug befolgen. So beobachte ich immer und immer wieder, Perfektionierungsversuche der Kompromisse als Strategie der jeweils nächsten Generation, am Leben nicht zu scheitern. Der Verstand kriegt das nicht hin: Wie kann etwas, was meinen Vorfahren ein friedliches Leben ermöglichst hat, bei mir nicht funktionieren? Jeder Kompromissversuch scheint sogar das Leben zu erschweren. Und alles in uns schreit schon lange pubertierend auf, spürt den Drang ganz etwas Neues auszuprobieren, jenseits von tradierten Verhaltensweisen, die die Vorgeneration nicht in Frage gestellt haben will. Die Soziologen sprechen von „sozialem Wandel". Was aber, wenn dieser

nicht stattfindet, weil wir auf alte Vorstellungen einge-
schworen werden und uns eigene Wege nicht zutrauen?
Die Grenzmauern wachsen, die Menschen schrumpfen. Die
Schwierigkeiten werden größer, das Selbstbewusstsein
kontinuierlich kleiner, bis zu einem Punkt der Verschlimmerung, an dem weitere Verschlimmerung nicht mehr möglich ist. Dieser Punkt ist nach vier Generationen erreicht.
Die vierte Generation steht demnach vor einem Berg an
Schwierigkeiten, vor scheinbar undurchdringlichen Wän-
den, die keinen Raum für Leben bieten. Es ist keine Option
innerhalb der Grenzen mit den Schwierigkeiten zu leben,
kein Ausweg erkennbar. Und genau diese Generation, die
an Autonomieschwäche reich, an Lebendigkeit arm ist, soll
nun diese Mauern sprengen?

„Es wird ihr wohl nichts anderes übrig bleiben."

Wir tun gut daran, wenn wir sie nicht weiterhin mit unserem gut gemeinten Belehrungsprogramm daran hindern.
Eines dürfte deutlich geworden sein: wir wissen nicht, was
für diese Generation gut ist. Gut wäre klar einzugestehen,
dass sie auf nichts zurückgreifen können, was wir so gemacht haben. Gut wäre, wenn uns klar wäre, warum wir in
dieser scheinbaren Ausweglosigkeit gelandet sind, welchen
prinzipiellen Irrtümern wir nachgegangen sind, damit diese
in aller Deutlichkeit als solche identifiziert werden. Junge
Menschen sollten unseren ganzen Zuspruch haben, in
sämtlichen Lebensbereichen etwas Neues auszuprobieren.

Wir sollten ihnen Mut machen, das zu tun. Und dabei geht es nicht um kleine Wegkorrekturen. Die Verschlimmerung der Themen, in persönlicher und gesellschaftlicher Hinsicht, beruht auf prinzipiellen Irrtümern über das Leben selbst, über dessen Sinn und Zweck und originäre Qualitäten.

„Ich komme mir nun irgendwie schuldig vor, und auch meine Vorfahren waren offensichtlich ziemliche Versager. Hätten sie uns diese kollektive Krise nicht ersparen müssen?"

Nun mal langsam. Du vergisst ein sehr entscheidendes Prinzip des Lebensprozesses: Das Leben selbst ist ein Ausschlussverfahren. Wir suchen überhaupt erst einen Weg nach Hause, wenn wir uns verirrt haben. Wir können nur zielstrebig die Richtung wählen, wenn wir erfahren haben, dass es dabei vorteilhafter ist, seinem inneren Kompass zu folgen, als dem Herdentrieb. Wir können erst für uns den passenden Weg finden, wenn wir erfahren haben, welche für uns nichts taugen. Unsere Vorfahren haben die ganze Vorarbeit geleistet die notwendig war, um das Leben und einige wichtige Prinzipien zu erkennen, um den Kompass und die Richtung zu finden. Sie haben uns also sehr gut ausgestattet, damit wir uns auf den Weg machen können. Grabe Deinen Spieltrieb wieder aus, spiele wie ein Kind! Jetzt braucht es Spieler, in denen der Pioniergeist weht. Wer dem Herzen folgt und bei allem, was er tut, mit Leib und Seele dahinter steht, leistet den bestmöglichen Beitrag in dieser Zeit der Veränderung, die unaufhaltsam ist. Ein

Mensch der dem Lebensprozess folgt, der ein Befreiungsprozess ist, stößt an Grenzen, um sie zu überschreiten.

„Du redest den Grenzüberschreitern zu?"

Du siehst, dieses Wort bekommt eine ganz neue Bedeutung, wie so viele Begriffe unserer Sprache. Vielleicht ist es eher ein Erweitern von Grenzen, so wie sich der Horizont erweitert, wenn Du nicht vor dem Berg stehen bleibst.

Der Mensch, der nicht eingrenzt und sich nicht in beschränkte Ver-Hältnisse eingrenzen lässt, die schon lange nicht mehr passen, findet zurück in seine Omnipotenz. Er sieht, dass ihm nie etwas gefehlt hat, es war immer schon alles da, von dem er dachte, dass er es braucht. Daher kämpft er nicht! Wofür auch? Er ist alles, was er gerade sein will und lässt andere so sein, wie sie sein wollen. Diejenigen, die sich das nicht erlauben, die sich selbst einschränken und damit immer auch gleichzeitig andere, richten auf diesem Planeten das Maximum an Schaden an. Der freie Mensch kann nur ein liebe-voller sein, vor den Beschränkten solltest Du Abstand halten bis Du hinter deren Angst blickst und mehr in ihnen siehst, als sie selbst in der Lage sind.

„Wenn ich Dir Glauben schenken darf, dann spiegeln sie doch auch nur eine meiner Ängste, sind sie doch auch nur ein Aspekt meines Selbst?"

Es freut mich, dass Du meinen Gedanken so aufmerksam gefolgt bist, nur das hat nichts mit glauben zu tun, sondern eher etwas mit den Gesetzen der Logik. Glauben sollst Du mir gar nichts. Denke nach und denke selbst, dafür hast Du Deinen Verstand! Wenn Du mit dessen Hilfe Dein Verständnis von der Wirklichkeit überprüfen konntest, dann hat er seinen Dienst getan. Er kann Dir nie und nimmer ersparen, die ganze Sache auszuprobieren, er kann Dir das Leben mit all seinen Erfahrungen nicht ersparen. Aber er kann Dir erlauben, endlich „ver-rückt" zu sein, weil es das Vernünftigste ist, angesichts des Lebens.

V. Epilog

„Welchen Beitrag willst Du mit Deiner Familiensystemdiagnostik eigentlich in diesem Prozess leisten? Was kann es
bringen, die Vergangenheit seiner selbst zu analysieren,
wenn wir ja doch ganz anders tun sollen?"

Sich in Zusammenhängen einordnen zu können, ist äußerst
sinnvoll. Sich als Teil einer Familie, im Prozess über mehrere Generationen zu sehen, macht ein großes Verständnis
seiner selbst erst möglich. Sich selbst verstehen heißt auch,
sich selbst verzeihen zu können, ja es ist sogar gleichbedeu-
tend. Aber die Familiensystemdiagnostik führt ja nicht nur
zu einem tiefen Verständnis seiner selbst, sondern eben
auch der Vorfahren. Diese in ihren Entscheidungen zu verstehen, heißt weder sie zu beschuldigen, noch ihr Tun zu
entschuldigen. Nein, die Erkenntnis liegt jenseits davon und
ist eine versöhnliche, die in einer brillanten Art und Weise
durch diese Metaebene auf das ganze Geschehen gewonnen werden kann. **Der Sinn unseres Soseins ergibt sich aus
diesen Familien-Zusammenhängen. Der Sinn unseres Da-
seins ist ebenso nur gegeben aufgrund des einen großen
Zusammenhangs,** den Du das Reich der Möglichkeiten, der
Potentialität, göttliche Matrix, den Urgrund der Wahrscheinlichkeiten, der Wirks, die geistige oder spirituelle
Welt, die Schaffensebene vor der Manifestation, **das Le-**

ben-in-sich, die Liebe-in-sich, die Freiheit-in -sich oder auch Gott **nennen kannst.**

Dieses Verstehen=Versöhnen ist konstruktive Annahme dessen, was ist, jenseits jeglicher Bewertung. Es ist ein Bewusstwerden, dessen, was einengend und befreiend wirkt. Enthoben aus der unbewussten schaffungsstarken Ebene, kannst Du hinter Deine Schutzmechanismen schauen, ganz vorsichtig und behutsam Deinen Ängsten ins Gesicht, aus denen heraus alle denkbaren Schwierigkeiten Deines Alltags geschaffen werden. Weißt Du noch, was passiert, wenn man der Angst ins Gesicht schaut? – Ja, es gibt sie nur in unserem „Kopf". Wenn Du sie anschaust, beherrscht sie Dich nicht mehr. Du wirst ihr im Alltag wieder begegnen und bewusst entscheiden, ob Du sie noch ein bisschen behalten willst und beschützt, oder ob Du Dich ihr stellst. Jetzt, da Du bewusster im Lebensprozess agierst, Dich bewusst beobachtest, Dich wahr-nimmst, spürst Du in Dir im gleichen Maße mehr Lebendigkeit, mehr Freiheit, mehr Liebe. Familiensystemdiagnostik ist demnach ein Vehikel auf dem Weg zu Selbst-Bewusstsein, Selbst-Bestimmung, Selbst-Erkenntnis und Selbst-Liebe. Menschen, die sich auch ohne Landkarte, also ausschließlich mit einem Kompass zurechtfinden, wird das nicht sonderlich vom Hocker reißen. Für andere ist es dagegen eine unmittelbare Lebenshilfe. Eines ist allerdings gewiss: merkliche Veränderung passiert synchron zur Bewusstseinserweiterung.

„Was meinst Du, - wird dieser Prozess je enden? Einzelne Menschen enden, aber du beschreibst einen Gesamtprozess über Generationen? Wann hat das Spiel ein Ende?"

Diese Frage stellst Du einer Sozialwissenschaftlerin? Was könnte die Wissenschaft darüber aussagen? Aber wenn die erkannten Prinzipien des Lebens auf allen Ebenen Bestand haben und ich logisch weiterdenke, dann komme ich zu folgenden Schlüssen:

Weder der Gesamtprozess, noch das Leben des Einzelnen enden, sondern ändern. Das Leben endet nicht, die Freiheit endet nicht, unsere Verbundenheit endet nicht und die Liebe tut es auch nicht. Etwas, das endet, ist begrenzt. Genau das kann Leben-in-sich nicht sein, es scheint eher ein Wechselspiel zwischen dem Nichts und dem Sein zu sein. Wenn wir nicht mehr sind, wissen wir mehr!

„Kleiner Scherz?"

Keineswegs. Seitdem mein allerbester Freund „tot" ist, weiß ich das. Es gibt keinen Tod im Sinne von Ende. Er ist eine weitere Veränderung und Weiterentwicklung. Das Leben hört nicht auf, nicht die Freiheit und auch unsere Liebe nicht, die uns verbindet und uns beide trägt.

Dieses Buch hört nicht auf, es ist ein Teil Deiner Bewusstwerdung, schreibe es weiter; der Dialog mit dem Leben wird nie fertig sein. Und jetzt LEBE, was das Zeug hält!

„Die Liebe hört nie auf zu bestehen, mögen Weissagungen zunichte werden, mögen Sprachen aufhören, mag Erkenntnis abgetan werden. Stückwerk ist unsere Erkenntnis, Stückwerk unsere Weissagung. Wenn die Vollendung kommt, wird das Stückwerk abgetan." (Korinther 13, 8-10)

Ich danke allen, die mich zu diesem Buch inspiriert haben, - ganz besonders Dir, Uwe! Ich habe nie aufgehört, Dich zu lieben.

„Und ich bin nie von Dir fortgegangen".

„Wenn ich verzweifelt bin sag ich mir immer wieder,

dass in der Geschichte

der Weg der Liebe und Wahrheit

immer gesiegt hat. Es mag Tyrannen und auch Mörder gegeben haben,

die – so schien es manchmal- unbesiegbar waren.

Aber irgendwann werden sie doch gestürzt."

(Gandhi)

Einmal fragte mich jemand aus einer Seminargruppe während der Pause:

Sag´ Annegret, wie geht Glücklichsein?

Ich wollte schon weit ausholen, da hörte ich von irgendwoher die Antwort:

Zweifle nie an Dir!

Das war ein Traum, einer von denen, die so real sind, dass man sie nie vergisst. Aber was denkst Du?

Ich glaube, das war und ist die Wirklichkeit!

Deine Annegret

www.familiensystemdiagnostik.at
familiensystemdiagnostik@gmail.com